君子道

如何成为君子的学问

阅读之前　无明未破

实践《弟子规》的智慧

君子道

邱明正　孟勇 ◎ 著

中山大学出版社
·广州·

版权所有　翻印必究

图书在版编目（CIP）数据

君子道：实践《弟子规》的智慧 / 邱明正，孟勇著 . — 广州：中山大学出版社，2014.12

ISBN 978–7–306–05010–6

Ⅰ.①君… Ⅱ.①邱… ②孟… Ⅲ.①古汉语—启蒙读物 ②《弟子规》—研究 Ⅳ.①H194.1

中国版本图书馆CIP数据核字（2014）第201879号

出 版 人：徐　劲
出版策划：周建华　邱立夫　李永清
责任编辑：曾育林
装帧设计：卓風修書院
责任校对：杨文泉
责任技编：何雅涛
出版发行：中山大学出版社
电　　话：编辑部 020-84111996，84111997，84110779，84113349
　　　　　发行部 020-84111998，84111981
地　　址：广州市新港西路135号
邮政编码：510275　　传真：020-84036565
网　　址：http://www.zsup.com.cn
印 刷 者：深圳市富达泰包装印刷有限公司
规　　格：787mm×1092mm　1/16　11.5印张　180千字
版次印次：2014年12月第1版　　2014年12月第1次印刷
定　　价：33.00元

如发现本书因印装质量影响阅读，请与出版社发行部联系调换

曾仕强序

《易经·系辞上传》第五章：君子之道鲜矣！

君子之道，便是君子所追求的道。君子指重视品德修养，在日常生活的方方面面，都十分自我检点，经常将心比心，秉持"己所不欲，勿施于人"的原则，好好做人，也好好做事。君子所追求的道，实际上很多人都在躬亲实践，只是很少有人能够体认得周全，所以才很少为人所知，也就是鲜矣！

我们生而为人，特别是成为中华民族的一分子，就算不能成圣贤，为神人，至少也应该做一个踏踏实实的君子。中华文化有三个特质，分别为：以道德代替宗教，以道德提升法治，以道德善用科学。道德应该是我们全民的最高信仰，所以修身是每一个人应尽的责任。

《弟子规》问世以来，由于易知易行，影响的层面非常广泛而深入。现代企业家在聘请员工时，也常以《弟子规》来测试，作为录取与否的标准。结果证明，读过《弟子规》的人，进入公司以后，通常都会表现得更好。

多年好友邱明正先生，长年来身在企业而心系国学，把国学和现代管理紧密地结合在一起，从实践中体认中国式管理的真髓，并加以发扬光大。继《中华的智慧》之后，近期又有新著：《君子道——实践〈弟子规〉的智慧》，实在值得推广，故乐为之序。

曾仕强 谨识于台北市

前言

如何成为君子

《君子道》秉承至圣先师孔子的教诲,结合儒家文化、中华智慧、当代思潮和现代社会状况,阐述如何成为君子的实践次第,希望作为大家修身成为君子时的重要参考书。孔子在《论语·述而篇》中说:"圣人,吾不得而见之矣;得见君子者,斯可矣。"希望大家都努力修身成为君子,这样才更好。

中华文化绵延数千年,以儒家文化为主,以道家、佛家和其他各家文化为辅。儒家提倡"君子之道",主张人人都要努力修身成为兼备"智、仁、勇"三达德的君子,致力于"齐家、治国、平天下"。孔子在《论语·宪问篇》中说:"君子道者三,我无能焉:仁者不忧,智者不惑,勇者不惧。"子贡曰:"夫子自道也!"作为一个君子,有仁德就不会忧虑,有智慧就不会疑惑,有勇敢就无所畏惧。有怎样的人民,就会有怎样的国家和民族。由于君子之道的实践和发扬,数千年来塑造了德才兼备的中华人民,也成就了伟大的中国和中华民族。

在近代,由于闭关锁国等种种原因,中国和中华民族曾经沉沦二百余年,但自现代改革开放以来仅三十余年,终又再度复兴。中国和中华民族如果要恢复甚至超越往昔荣光,在全世界再度发光发热并扮演着更重要的角色,就要结合儒家的思想与智慧和当代的思潮与文明,努力加强、提升及推广君子之道。

如何修身成为君子,孔子在《论语·学而篇》中提出实践的次第顺序。孔子说:"弟子,入则孝,出则弟,谨而信,泛爱众,而亲仁。行有余力,则以学文。"意思是说,若要培养成为君子,就要次第做好孝敬父母的孝道和友爱兄弟姊妹亲友的悌德，日常做人做事要严谨有诚信，时时都要秉持仁心致力爱行，此外还要努力研求学问和提升智慧。即：孝悌为本、谨信为行、仁爱为怀、学文为用。

　　基于孔子的这一段话，清朝康熙年间的秀才李毓秀结合儒家思想，以及本身实践的心得和领悟，配合历来和当时的社会状况，写成《训蒙文》一书，后经贾存仁修订改名为《弟子规》，以三字经的形式表达。《弟子规》的内容，对于孝、悌、谨、信、泛爱众、亲仁和学文，分别提出如何实践的具体做法，作为教育弟子的启蒙教材。出书后，由于内容简明实用，相当符合儒家思想，逐渐风行全国。《弟子规》的内容，只教导了一些针对弟子的基本行为规范，虽然对于如何成为君子也有帮助，但对于儒家文化和君子之道却未能周延和深入；而且有些内容已经不能符合现代的状况和需求，例如业无变、物虽小勿私藏、亲有疾药先尝、丧三年常悲咽、骑下马乘下车、夜眠迟、非圣书屏勿视等；这些，都有待改善、加强和提升。

　　儒家主张，每个人都要努力修身成为君子，致力于推动君子之道，这样才能更好地实践及推动儒家和中华文化，为自己、他人、大众和社会造就福祉。笔者研习、实践和教学中华典籍数十年，尤其是四书、《孙子兵法》、《道德经》和禅学，结合现代科学和管理，应用在人生和事业上，深感受益良多，数年前著成《中华的智慧》一书。近年来因深感君子的重要性，又颇受孔子这一段话启发，还感觉《弟子规》在内容上和现代应用上有所不足，而且认为阐扬人人都成为君子的君子之道非常重要，于是决定与热心推动中华智慧的弟子孟勇合著本书，提供给大家在修身成为君子时作为参考。

　　本书的内容，主要针对如何修身成为君子的实践次第，包括孝、悌、谨、信、泛爱众、亲仁和学文等君子德行，分别叙述如何实践的做法。书中的内容，除了总论作为全书的导论外，其余共分七章，每章针对每种德行的实践详细加以叙述和说明。在每一章中，各分为四篇：第一篇结合儒家文化、中华智慧、当代思潮、现代社会状况和笔者学习实践的心得与领悟，对如何实践每种君子德行加以讲述，希望大家能得到更深入、更周延的认知；第二篇讲述《弟子规》所主张的实践做法，包括原文和笔者的解说及评论；第三篇总结复述第一、二篇内容的关键要点，帮助读者获得更简明清晰的了解；第四篇各举两个现代或历史上的相关案例，并加以详细分析与评论，使读者对如何实践每种君子德行得到更深刻的认识和领会。

　　本书名为《君子道——实践〈弟子规〉的智慧》，适用于所有想要努力修身成为君子的人。《弟子规》所叙述如何成为君子的一些内容，较适用于儿女、学生、后辈等弟子，则作为本书内容的一部分。大家都希望成为德才兼备的君子，期望大家在修身成为君子的过程中，将本书作为重要的参考书。在目前全球化的时代，各国各民族间的竞争愈来愈激烈。在当今及未来的世纪，中国和中华民族如果要永续伟大屹立于世界民族之林之中，每一代的中华人民就要永续修身成为真正的君子。期望大家一起共同努力发扬光大《君子道》、《弟子规》、儒家文化和中华文化，使个人、国家和民族都能越来越伟大，也使世界愈来愈光明。

弟子规

总叙

弟子规 圣人训 首孝弟 次谨信
泛爱众 而亲仁 有余力 则学文

入则孝

父母呼 应勿缓 父母命 行勿懒
父母教 须敬听 父母责 须顺承
冬则温 夏则凊 晨则省 昏则定
出必告 反必面 居有常 业无变
事虽小 勿擅为 苟擅为 子道亏
物虽小 勿私藏 苟私藏 亲心伤
亲所好 力为具 亲所恶 谨为去
身有伤 贻亲忧 德有伤 贻亲羞
亲爱我 孝何难 亲憎我 孝方贤
亲有过 谏使更 怡吾色 柔吾声
谏不入 悦复谏 号泣随 挞无怨
亲有疾 药先尝 昼夜侍 不离床
丧三年 常悲咽 居处变 酒肉绝
丧尽礼 祭尽诚 事死者 如事生

出则弟

兄道友 弟道恭 兄弟睦 孝在中
财物轻 怨何生 言语忍 忿自泯

后到己即见恭步乃非勿动如事兄
幼者己即见恭步乃非勿动如事兄

先在长言待坐闻对兄
长者人不尊无犹者长低问事诸兄

走代叫名揖车坐低
坐即勿呼趋下勿要必迟如事父
或坐勿疾乘幼声退如事父

食人长呼尊遇下马立前必趋父
或长称路骑长尊进事诸父

谨

后到时手切秽家则
此净紧污称丑敬
惜辄俱致下勿最拜髀棱人略问扬明偷难
此净紧污称丑敬人勿分为不即借

至回老易溺便袜履顿分可循适酒醉与乱上食揖勿邪宽僻入吾将畏事堂勿如绝与偶声有不即借勿有轻有勿必借

夜眠迟漱口结纽必有华择酒端正倚跛有盈多勿绝问错勿孰对存名以求须明及时还

早起必盥正服必冠冠贵洁饮食少方容从国帘器忙场门入问人谁物借人物

朝起晨必冠置衣对年步勿缓揭虚执事斗将人用借

信

凡出言 信为先 诈与妄 奚可焉
话说多 不如少 惟其是 勿佞巧
奸巧语 秽污词 市井气 切戒之
秽污词 勿轻诺 苟轻诺 进退错
见未真 勿轻言 知未的 勿轻传
勿轻言 勿轻诺 勿轻诺 模糊
事非宜 勿轻诺 苟轻诺 进退错
凡道字 重且舒 勿急疾 勿模糊
彼说长 此说短 不关己 莫闲管
见人善 即思齐 纵去远 以渐跻
见人恶 即内省 有则改 无加警
唯德学 唯才艺 不如人 当自砺
若衣服 若饮食 不如人 勿生戚
闻过怒 闻誉乐 损友来 益友却
闻誉恐 闻过欣 直谅士 渐相亲
无心非 名为错 有心非 名为恶
过能改 归于无 倘掩饰 增一辜

泛爱众

凡是人 皆须爱 天同覆 地同载
行高者 名自高 人所重 非貌高
才大者 望自大 人所服 非言大
己有能 勿自私 勿轻訾
人所能 勿轻訾 勿谄 勿骄
勿谄富 勿骄贫 勿厌故 勿喜新
人不闲 勿事搅 人不安 勿话扰
人有短 切莫揭 人有私 切莫说
道人善 即是善 人知之 愈思勉
扬人恶 即是恶 疾之甚 祸且作

亏人亦少　己得长　宽转言　
道人善　即是善　人知之　愈思勉　
扬人恶　即是恶　疾之甚　祸且作　
善相劝　德皆建　过不规　道两亏　
凡取与　贵分晓　与宜多　取宜少　
将加人　先问己　己不欲　即速已　
恩欲报　怨欲忘　报怨短　报恩长　
待婢仆　身贵端　虽贵端　慈而宽　
势服人　心不然　理服人　方无言

亲仁

同是人　类不齐　流俗众　仁者希　
果仁者　人多畏　言不讳　色不媚　
能亲仁　无限好　德日进　过日少　
不亲仁　无限害　小人进　百事坏

余力学文

不力行　但学文　长浮华　成何人　
但力行　不学文　任己见　昧理真　
读书法　有三到　心眼口　信皆要　
方读此　勿慕彼　此未终　彼勿起　
宽为限　紧用功　工夫到　滞塞通　
心有疑　随札记　就人问　求确义　
房室清　墙壁净　几案洁　笔砚正　
墨磨偏　心不端　字不敬　心先病　
列典籍　有定处　读看毕　还原处　
虽有急　卷束齐　有缺坏　就补之　
非圣书　屏勿视　蔽聪明　坏心志　
勿自暴　勿自弃　圣与贤　可驯致

目 录

总 论　君子道　圣人训　爱在敬 / 1
  中华文化成就伟大中国 / 2
  儒家文化的精髓 / 6
  人人努力实践《君子道》/ 13
  《君子道》思考实践的关键要点 / 19
  实践《君子道》和《弟子规》案例分析 / 22
    案例一：学校注重教导《弟子规》/ 22
    案例二：企业界推动《弟子规》/ 24

第一章　一孝道　百善首　道在理 / 27
  百善孝为先 / 28
  《弟子规》中孝道的实践 / 38
  孝道思考实践的关键要点 / 44
  孝道案例分析 / 47
    案例一：孝子黄香扇枕温衾 / 47
    案例二：老太太状告子女不尽孝道 / 49

第二章　二说悌　为人技　德在意 / 51
  四海之内皆兄弟 / 52
  《弟子规》中悌德的实践 / 58

悌德思考实践的关键要点 / 62
　　悌德案例分析 / 64
　　　　案例一：泰伯为国让弟 / 64
　　　　案例二：张良圯桥进履 / 66

第三章　三为谨　道行术　规在则 / 69
　　严身谨行通天下 / 70
　　《弟子规》中谨规的实践 / 77
　　谨规思考实践的关键要点 / 82
　　谨规案例分析 / 84
　　　　案例一：孔子生活举止严谨 / 84
　　　　案例二：司马光的温公警枕 / 86

第四章　四讲信　培习法　范在例 / 89
　　诚信以成事 / 90
　　《弟子规》中信范的实践 / 95
　　信范思考实践的关键要点 / 100
　　信范案例分析 / 102
　　　　案例一：季札挂剑 / 102
　　　　案例二：卿相晏婴和大夫车夫 / 104

第五章　五语爱　谓心明　行在礼 / 107
　　用泛爱众拥抱世界 / 108
　　《弟子规》中爱行的实践 / 114
　　爱行思考实践的关键要点 / 119
　　爱行案例分析 / 121
　　　　案例一：比尔·盖茨设立慈善基金会 / 121
　　　　案例二：王永庆经营企业造福社会 / 123

第六章　六亲仁　讲天意　真在迹 / 127
　　实践仁义之道 / 128
　　《弟子规》中亲仁的实践 / 133
　　亲仁思考实践的关键要点 / 136
　　亲仁案例分析 / 138
　　　　案例一：孟子被尊称为亚圣 / 138
　　　　案例二：李斯被损友赵高陷害 / 140

第七章　七学文　明哲义　理在晰 / 145
　　学习与奉献的智慧 / 146
　　《弟子规》中学文的实践 / 154
　　学文思考实践的关键要点 / 157
　　学文案例分析 / 159
　　　　案例一：曾子上承下启孔子之道 / 159
　　　　案例二：赵普半部《论语》治天下 / 162

后　记　明解《弟子规》　正人《君子道》/ 165

君子道

如何成为君子的学问

君子道 圣人训 爱在敬

中华文化以儒家文化为主，以道家和其他各家文化为辅，光辉灿烂照耀古今，绵延数千年，成就了伟大的中国和中华民族。《君子道》根源于儒家文化，是创建成功事业、美满人生、幸福家庭和繁荣社会的宝典。母亲是家庭的重心，每一位母亲要努力学习、实践和教导《君子道》与儒家等中华智慧，共同创建个人幸福、家庭美满、社会发展、国家兴盛和世界大同。

儒家文化的精髓，主要是以"仁、义、礼、智、信"的仁道思想，塑造智、仁、勇兼备的君子。此外还运用德政管理、大学之道和中庸之道，致力于修身、齐家、治国、平天下，为自己、他人、家庭、社会、国家、民族和世界，成就快乐、幸福、和谐、健康和繁荣。

《君子道》是至圣先师孔子非常重要的教诲，主张"弟子，入则孝，出则弟，谨而信，泛爱众，而亲仁。行有余力，则以学文"。《君子道》的主要精神，和儒家文化以及中华文化的精神一样，都是"爱"与"敬"，由此而形成积极正面的人生观。人人都要努力修身成为君子，尤其是居于关键地位的母亲，最好都能以爱敬精神和积极正面人生观实践及推动《君子道》与儒家等中华智慧，使其效益倍增。

中华文化成就伟大中国

中国是世界文明强国吗？

中华文化以儒家文化为主，绵延数千年，源远流长蕴藏丰富，光辉灿烂照耀古今，成就了伟大的中国和中华民族。《君子道》根源于儒家文化，阐述如何成为君子的实践次第，是中华文化以及世界文明的实践和基础；《弟子规》作为《君子道》书中内容的一部分，则作为实践的起点。

中国、埃及、印度和巴比伦是世界四大文明古国，其中只有中国是唯一未曾被灭亡过的国家，数千年来只是朝代更替。中国在宋代以前，曾经是世界上最文明的国家。国势最强盛，经济最繁荣，农工商业最发达，尤以汉朝和唐朝为最。在宋代之后的元代和明代，国势仍然十分强盛；在明代初期的明成祖时期，还曾派郑和七下西洋，到世界各国宣扬国威。

在明成祖之后，一直到其后的清代，由于中国一向能自给自足，再加上其他种种原因，中国改采闭关锁国的政策，文明和经济停滞不进且逐渐退步。在此时期，西方各国因工业革命而崛起，经济、政治、军事力量逐渐强大，中国遂被西方列强超越且侵凌，国势一落千丈暗淡无光，沉沦到衰败的深渊，甚至成为所谓东亚病夫及次殖民地。

中国在新中国成立之后，自1978年起，改采改革开放政策，至今才短短三十余年，经济发展突飞猛进，社会力、政治力、军事力和文化力不断提升和加强，国力也随之扶摇直上，又再度成为世界强国。根据世界权威机构预测，中国在2030年前就可成为世界最大的经济体，自21世纪中期起且将再度成为领导全世界最主要的国家，国势且将超越汉唐盛世。

中华文化成就伟大中华的由来是什么？

为何中华盛世能历经千余年？为何中国在近代沉沦二百余年之后又能在短暂的数十余年中又重新快速复兴并逐步迈向高峰？为何中国在21世纪又将再度领导全世界？最主要的原因，就是因为中国和中华民族拥有博大精深务实通达的中华文化，尤其是其中所蕴含高瞻远瞩睿智明达的中华智慧。在现代中国，以中华文化和智慧结合西方的科学和管理，彼此相互为用相辅相成，自能相得益彰大放异彩。

中国在公元前770年，周平王将国都自镐京（今陕西西安）向东迁移到洛邑（今河南洛阳）。由于中央政府周王室势力衰微，各封建诸侯国纷纷崛起，为扩充领土及争权夺利，彼此互相攻伐争战不休，中国逐渐进入大动荡大变化的春秋时代，其后更进入变本加厉的战国时代，共达数百年。

在春秋战国时期，各国战祸频仍互相残杀，社会动荡礼乐崩坏，民生凋敝生灵涂炭，人民贫困交加痛苦不堪。当时许多有识之士，苦苦思索乱世根源，积极谋求救世之道，于是出现了许多思想哲学和政治、经济、社会等方面的主张，包括儒家、道家、法家、兵家、墨家、农家及其他诸子百家，有如百花齐放百鸟齐鸣。

在战国末期，地处西陲（以今陕西为主）的秦国，采用法家思想，迅速崛起壮大，终由秦始皇统一中国。但秦朝因推行各种暴政，在短短数十年后的秦二世，各地民众及原诸侯国贵族纷纷率兵起而抗暴，最后在楚汉争霸之后由刘邦统一中国建立汉朝。

汉朝初期的建国方针，主要采用道家思想，轻徭薄赋崇尚朴实，让人民修养生息发展经济。自汉高祖刘邦再历经汉文帝和汉景帝二朝，中国国势又恢复强盛，但至其后雄才大略的汉武帝时代，采用董仲舒的主张，改为主要以儒家思想治国，努力弘扬儒家文化，使国势更迈向高峰，至今中国仍以汉唐盛世自豪，中华民族大部分都自称为汉族。

为什么中华文化以儒家文化为主？

儒家文化以孔子为创始宗师，提倡仁道思想、君子之道、德治管理、大学之道和中庸之道。其中最主要的主张是，自国君以迄老百姓，都要秉持"仁、义、礼、智、信"的核心思想系统，努力将自己修身成为智、仁、勇兼备的君子，尽心尽力奉献于齐家、治国、平天下。

这些主张，非常符合利民治国的需求，广受领导阶层和广大民众的欢迎。以儒家文化为主，再辅以其他各家的思想和主张，更能相得益彰。因此，自汉武帝以后的汉朝，以及其后各个朝代的中华文化，几乎都以推动儒家文化为主，以推动道家、法家、佛家、兵家等文化为辅。

在后来的唐朝盛世，以及其后的各朝，由于东西文化交流日盛，以儒家文化为主的中华文化，又陆续传播到日本、韩国及其他各国。孔子也成为如同释迦牟尼、耶稣、苏格拉底一般，成为世界人类的偶像，曾经被联合国列为世界十大名人之首。

在1988年，历届许多诺贝尔奖得主在法国首都巴黎聚会，研讨在即将到来的21世纪，人类应该如何作为，才能使世界各国和全人类达成进一步的成长和发展。会后发表共同宣言："人类要在21世纪生存下去，必须从2500年前孔夫子那里寻找智慧。"由此可见，以孔子为宗师的儒家文化，在未来的世界文明中，仍将扮演非常重要的角色。

为什么母亲要努力实践和教导《君子道》？

中国主要由中华民族组成，中华民族都是由中华母亲生出来的。有怎样的人民，就会有怎样的国家。要有伟大的中国，就需要有伟大的中国人民。而要塑造伟大的中国人民，所有的中国母亲，就要努力实践及发扬中华文化，并以中华文化教育儿女，其中最主要的是儒家文化，且以实践及教导《君子道》作为重点和基础。

《君子道》的内容，主要在于实践和发扬至圣先师孔子的教诲，主张大家首先要孝敬父母长辈及友爱兄弟姐妹亲友，其次做人做事要严谨有诚信，对大众和社会要普遍付出关怀和博爱，要时时保持和实践仁爱及亲近仁人，还要努力用功提高学识和智慧。《弟子规》成书于清朝，对于这些孔子的教诲，也提出了一些实践的基本做法，《君子道》已将《弟子规》作为书中内容的一部分。对于这些内容，如果全体中华民族都能结合儒家思想和中华文化的精髓，认真彻底加以实践，并以"爱"和"敬"的精神与积极正面的人生观，加以发扬光大到个人、家庭、国家和民族的每一个层面，相信世世代代的中国和中华民族，都能永远屹立于世界民族之林。

作为母亲，需要同时扮演多重的角色，一方面要作为父母和公婆的儿女，一方面作为先生的贤内助，一方面还要作为儿女的母亲，另外还要敦亲睦邻，很多人还要在职场拼搏。要同时担当好这些角色，相当不容易。母亲是家庭的重心，建造和谐、兴旺、幸福、美满的家庭，培育教导德才兼备的儿女，母亲的角色最为重要。有兴旺美满的家庭，才能构建和谐繁荣的社会和国家。《君子道》是为人处世和做人做事的宝训，也是成功事业、美满人生、幸福家庭和繁荣社会的宝典。每一位母亲，如果能够努力学习和实践《君子道》、《弟子规》与儒家等中华智慧，并以此教导儿女，相信必更能实现个人幸福、家庭美满、社会发展、国家兴盛和世界大同。

儒家文化的精髓

儒家文化的核心思想是什么？

儒家文化十分博大精深，历经数千年来的发展和实践，已经融入所有中华民族的思想、行为和生活中。中华民族除了缔造伟大的中国而外，还遍布全世界其他国家，在当地大部分也都相当出类拔萃。《君子道》的根源是儒家文化，许多儒家文化的精髓也都融入其中。要更好更有效地学习和实践《君子道》，最好能更深入地了解儒家文化的精髓。

儒家思想的核心，是仁道思想。在儒家的原典《论语》中，"仁"字就出现了一百多次。孔子对仁有很多种解释，对不同的人有不同的说法，其中最简单最直接的说法就是"仁者，爱人"。也就是说，仁就是要爱他人和爱团体如同爱自己一样，要努力为他人和团体创造利益和价值。

仁心是一种思想和心态，如果要加以实践，就要以正当有效且对他人有贡献的义行来表现，所表现的义行要合乎法令规章伦理道德的礼制，还要运用卓越的知识和智慧，并且要以诚信来完成。仁道思想就是以"仁、义、礼、智、信"为系统，成为儒家的核心思想。

孔子对于"仁"，认为每一个人都应该具备和实践，尤其是有学问有道德的君子和士人。孔子说，君子在日常生活中不能有一时一刻违背仁，在匆促慌忙或遭遇困难挫折的时候也应该如此，在艰难困顿甚至颠沛流离的环境中还应如此。（《论语》："君子无终食之间违仁，造次必于是，颠沛必于是。"）

事实上，一个人如果能将对自我的爱扩及到家人、他人和团体，在大家共同的协作中，家庭和团体的利益就会不断扩大和提高，每个人自我也会因此从中分享更多。此外，由于他人、家人和团体的互利与回馈，自己反而能得利更多。反之，人人如果都自私自利互相计较，则自己、他人和团体最后必都得利更少。由此可见，为了同时利己及利他，每一个人都应该努力发扬光大仁道思想。

儒家的做人理想标准是什么？

基于仁道思想，儒家主张自国家领导人乃至所有老百姓，人人都应该努力修养成为君子。只要人人都成为君子，都以君子之道致力于发挥利己、利他、利国、利民的效益，则自我、家庭、国家、民族和世界必然会持久成长、发展、进步与兴盛，就算一时顿挫或沉沦，也会快速复兴。

理想的君子，表现出来的样子应该如何？在《论语》中有许多说法，值得大家作为学习的目标以及自我检验的标准。在《论语》中，对于孔子有一段记载：孔子，待人温和而处世严正，威仪庄重而平易不凶猛，外貌敬肃而心境安泰。（原文："子，温而厉，威而不猛，恭而安。"）孔子的弟子子贡也说，老师在各国备受尊重的地位，都是由于温厚、善良、恭敬、俭约、谦让而得来的。（原文："夫子温、良、恭、俭、让而得之。"）此外，孔子在《论语》中还自我描述，他的为人，用功努力学习和奉献，常常连饭也忘记吃；心中常保持喜悦和快乐，使一切烦恼忧愁都忘记消失了；甚至不知道老年就快到来。（原文："其为人也，发愤忘食，乐以忘忧，不知老之将至云尔。"）

孔子认为，君子所要努力学习和修炼的素质，应该包括智、仁、勇三达德，也就是要以仁为中心，以智和勇加以实践。君子具备仁德素质，就能以大爱之心为人处世，时时与人为善及成人之美，如此必能利人利己，精神常保持愉悦安详而没有忧愁（仁者不忧）。君子具备丰富的知识和高超的智慧，不但可以合理合宜安排处理万事万物，而且不会被世间纷杂万象所迷惑（智者不惑）。君子具备择善固执的精神和坚定不移的信念，就能对一切当为之事和困难挫折发挥勇敢无畏和贯彻到底的勇气（勇者不惧）。

君子要具备"智、仁、勇"三达德，除了努力自我学习而外，还要努力对他人和团体奉献。如此就能以学习提高奉献的能力和效益，在奉献中经由体验和领悟而加深学习的效果。在《论语》中记载，孔子的学生子路问孔子，怎样才算是君子，孔子回答说，自己要认真修养学习和努力工作，还要努力奉献而使周围的人生活安和乐利，最后更要努力奉献而使所有的老百姓平安幸福。（原文："修己以敬，修己以安人，修己以安百姓。"）

儒家管理的核心思想是什么？

基于仁道思想和君子之道，每个人对于人生、事业、家庭和社会的经营管理，儒家主张德政管理。儒家认为，国家和民族的兴亡，每一个人都负有责任（国家兴亡，匹夫有责）。君子具有丰富的学识和高尚的品德，更应该主动负起利他利众和经世济民的使命。如果运用道德来治理政事，治理者就会像众星围绕北极星运行一样，受到人人的认同和拥戴，顺利完成这些使命。（《论语》："为政以德，譬如北辰，居其所而众星拱之。"）

为政以德的理念，第一层的意义是治理者的德行素养具有非常重要的作用，所以治理者须努力在修身正己上下功夫，更要以身作则，成为大家学习和实践的榜样，也就是要"内圣"。孔子在《论语》中认为，治理者先端正言行及依正道而行，还有谁敢不端正言行及依正道而行呢。（原文："子帅以正，孰敢不正。"）孔子在《论语》中还认为，在位者的德行好比是风，老百姓的德行好比是草，草遇到风一吹必顺风而倒。（原文："君子之德，风；小人之德，草；草，上之风，必偃。"）

为政以德更深层的意义是要推行德政，达到家庭兴旺、民富国强、安和乐利的目标，也就是要"外王"。在《论语》中记载，孔子到卫国，看到人民很多，就对陪侍的学生冉有说，应努力使他们富足及受教育。同样的道理，母亲是家庭的重心，除了努力修身正己而外，更要勤俭持家及教育儿女和亲人，使家庭愈来愈和谐兴旺，使儿女家人更成材。为政以德的治理，孔子认为要内圣和外王并用，用道德来教导儿女、家人和人民，用礼教来治理他们。如果能这样，则大家必能自觉知廉耻，而且能归于正道。（《论语》："道之以德，齐之以礼，有耻且格。"）

如何在家庭和国家实践为政以德的理念，孔子在《论语》中主张，第一要以身作则勤于经营和管理，切不可掉以轻心；第二要取信于他人，用诚信来成就仁义的目标和效益；第三要节用财力爱护家人和人民，虽节俭用度但还要使家人和老百姓真正受惠；第四要爱惜人力，要在适宜的时间将人力善用在正确合理有效的事情上。（原文："敬事而信，节用而爱人，使民以时。"）除此而外，孔子还主张要兴礼守法、义利相生、知人善任和兴教育人。

如何研习和实践学问？

孔子的学生曾子，秉承孔子思想的精要，著成《大学》一书，讲述如何研习和实践学问的大学之道，主张要彰明自身所本有的灵明德性并提升知识和智慧，再推己及人，使人人和社会都能去除旧污而自新提升，而且要做到极完善的地步且坚持不变。（《大学》："大学之道，在明明德，在亲民（新民），在止于至善。"）曾子所说的大学之道，事实上包含本身、他人和团体的学习，以及彼此之间的奉献在内。其中，尤以每个人本身的学习和奉献最为重要。

止于至善，意思是说，每一个人在每一方面，在每个不同的阶段，都应该努力明了、专注及做好该阶段应该做的事，然后再循序渐进及与时俱进。也就是要不断地明德和新民,一直达到至善的地步。例如以母亲的角色而言,在婚前、婚后、怀孕期、生产后,以及其后人生的每一个阶段,在学识、品德、为人处事和对他人、家庭、团体和社会的奉献等方面,都应该努力达到每阶段应有的至善地步。《大学》认为,如果能这样,就能知止而后有定(志有定向),定而后能静(心不妄动),静而后能安(所处而安),安而后能虑(处事精详),虑而后能得(得其至善)。

如何研习和实践学问,做好明明德和新民的功夫而止于至善?曾子主张,自天子(最高领导)乃至庶人(老百姓),都要时时努力做好修身的功夫,然后以修身作为根本和基础来齐家、治国、平天下,也就是要先建造和谐兴旺的家庭,再推进到治理国家达致民富国强的地步,最后促进天下太平。对于修身的方法和顺序,《大学》则主张要先格物(穷究事物真理)、致知(推极知识和良知),而后诚意(诚恳心意不自欺)、正心(端正内心),然后由此而完成修身(修习好自己的知识、智慧、品德和行为)。

《大学》的内容,非常符合儒家内圣外王的思想。在书中对于如何内圣外王,也提出了一些实践的方法,都相当务实精辟,非常值得大家参考学习。现代家庭和社会的状况,已经与古代大有不同。如果能掌握《大学》中的精髓和智慧,结合现代家庭和社会的状况加以运用,相信必能更好更有效地达成利己利他的效益,大家一起共创美好的家庭、国家和世界。

儒家思想的心法是什么?

曾子的学生孔伋,号子思,是孔子的孙子。秉承孔子和曾子的思想精髓,著成《中庸》一书,作为运用儒家思想的心法。子思将中庸称为中和,主张在行为未表现出来以前,内心要清纯平静,思想要不偏不倚(喜怒哀乐之未发谓之中);而在行为表现出来时则要合乎节度,没有过度或不及,要能恰到好处,且要坚持到底不改变(发而皆中节谓之和)。如果能把中和的道理推到极致且圆满达成，则天地一切都会各安其所，万物也都会生长繁育。(原文："致中和，天地位焉，万物育焉。")

为人、处世和为政，如何才能更符合中庸之道？在《中庸》中，子思列出孔子所提出的一些原则，其中最主要的精神就是要努力做到尽己之心和推己及人。所以，孔子主张，尽忠和宽恕离中庸之道不远，凡是别人加诸于己身而自己不愿意的，也不要加诸在别人身上。君子之道有四种，要努力做好。也就是说，子要事父以孝，臣要事君以忠，弟要事兄以悌，朋友交往以信。在实践时，要言行一致。(原文："忠恕违道不远，施诸己而不愿，亦勿施于人。君子之道四：子以事父，臣以事君，弟以事兄，朋友先施。言顾行，行顾言。")

实践中庸之道，时时事事都要掌握好分寸，做到既不要过分也不要不及，都要恰到好处及适度，并不容易。例如母亲教育子女，如果运用所谓"虎妈"的做法，无论在生活上、课业上、才艺培训上、人品上都加以严格要求，则子女固然可能较可成材，但也使子女失去了许多童年玩乐生活的乐趣，子女常常感觉到相当痛苦，母亲和子女之间也会常常发生许多矛盾和冲突。如果采用放纵的做法，结果可能相反。在子女成长的每一阶段，如何才能在两者之间采取适当的做法，以及更进一步在面对一切人事物时都能合宜而恰当，《中庸》主张，大家都要在"智、仁、勇"三达德上努力下工夫。这样，应该可以得到比较理想的结果。

如何做好中庸之道，甚至将中庸之道发挥到极致，《中庸》还强调，无论在理念、做法和实践上，都要掌握和发挥"诚"这个字。子思在《中庸》中认为，每个人与生俱来都有"诚"的本性，此一本性常被污染掩盖而不能彰显。每一个人都要努力学习、净化和择善固执，使"诚"不断改善、增加、提高、表现和彰显。(原文："诚者，天之道也。诚之者，人之道也。诚之者，择善而固执者也。")而要更好地以"诚"实践择善而固执的中庸之道，更要智、仁、勇兼备。其中，择为智、善为仁、固执为勇。此外，还要致力于实践博学、审问、慎思、明辨及笃行的功夫。这样做，必能更见功效。

好母亲如何实践儒家文化精髓？

儒家的思想和智慧，可以说是为人处世和做人做事最佳的指导哲学和行为准则，值得大家好好学习、实践、教导和推广。如果以中庸之道的心法来运作仁道思想、君子之道、德政管理和大学之道，必能使自我在学识品德和为人处世方面，获得不断改善和提升；在与他人和团体的互动中，建立良好的人际关系；使自己与他人、家庭、社会、国家和世界，形成密切共生和互助互利的生命共同体。如此，必能使自己更快乐、幸福、成功和美满，也使他人和团体更和谐、健康、富裕和繁荣。

母亲的好坏，除了影响自我而外，更严重影响到家庭和社会的荣枯盛衰。就母亲自我而言，本身是否成功快乐，事业是否成功，婚姻是否美满，及与公婆长辈相处是否和谐，他人及环境的因素固然有所影响，但最重要的还是母亲自己的素质、修养和作为。就家庭而言，先生是否成功，儿女是否成材，家人是否健康、快乐、幸福，家庭是否兴旺，家族是否和谐，好母亲或坏母亲是关键核心因素。家庭是社会最主要的组建成分，家庭是否和谐兴旺还影响社会发展盛衰甚巨。

母亲的角色如此重要，每一个母亲都希望成为好母亲，为自己、为家庭、为社会，最好认真学习、实践、教导和推广儒家文化的精髓，并以努力实践《君子道》作为重点和基础，以及以努力实践《弟子规》作为起点，由修身而齐家，是作为一个好母亲应努力遵循的大道；若能再进而治国平天下，则是全中华民族之幸。

人人努力实践《君子道》

《君子道》和《弟子规》的由来是什么？

儒家文化的原典，主要是《论语》，由孔子的学生收集孔子和学生的言论，以及其教学与生活状况的描述，加以编纂而成。其中所包含的为人处事和经营管理的智慧，都颇能启迪思维、发人深省。次要的著作，是曾子所著的《大学》，主要阐述学习修身及齐家治国平天下之道；以及子思所著的《中庸》，教导如何以至诚之心，时时刻刻做到思想行为上不偏不倚合乎节度，没有过度与不及，随时都能恰到好处及合宜适当。《大学》和《中庸》这两本书，对于儒家思想与其蕴含的智慧，颇有补充与加强的作用。

到战国时代，子思学生的学生孟子，又著《孟子》一书，对于儒家文化做了更深入的阐扬和发挥，使儒家思想更加完备。孔子在中国历代被尊称为"至圣先师"，孟子则被尊称为"亚圣先师"。这四本书，千余年来被称为"四书"，对于个人立身处世、家庭幸福美满、社会和谐兴旺，以及国家富强康乐、民族繁荣兴盛、世界创建大同，都能产生指导、加强、提高和塑造、复兴的作用，功效十分宏大深远。因此，中国在其后的二千余年，由四书所延伸繁衍而形成的儒家文化体系，成为中华文化的主流。

在四书中所包含的思想、哲学、智慧和实践方法，涉及为人处世和经营管理的方方面面，十分博大精深和周延齐全。就算只取其中的一部分甚至一段话加以延伸探究，也可形成多面向与多层次的学问。

中国在清朝时，有一位秀才李毓秀，撷取了《论语·学而篇》的一段话："子曰：弟子，入则孝，出则弟，谨而信，泛爱众，而亲仁。行有余力，则以学文。"结合儒家文化的精髓，以及其本身在实践上的见解，配合历来及当时的社会状况，加以延伸扩张，著成《训蒙文》一书，后经贾存仁加以修订，改名为《弟子规》，逐渐通行全国，普遍作为针对儿女、学生、下级和后辈等弟子的教材。

事实上，孔子在《论语·学而篇》中所说的这一段话，是孔子教导每一个人成为君子的实践重点次第。也就是说，要修身成为君子，每个人都要认真次第做好孝、悌、谨、信、泛爱众、亲仁和学文等德行。孔子在这一段话，一开头就说"弟子"，大部分人望文生义认为是针对儿女、学生等弟子而非所有的人，应该是一种误解。因此，在现代要实践这些君子的德行次第，最好实践《君子道》，结合儒家等中华智慧对于每种德行的思想精髓，好好加以运用及发挥。至于《弟子规》的内容，已经包含在《君子道》书中的内容中，则可作为实践及推动的起点。

《君子道》的主要内容是什么？

儒家文化的核心思想是"仁、义、礼、智、信"仁道思想系统。"仁"就是要爱他人和爱团体如同爱自己一样，同时致力于奉献于利己、利他和利团体。实践仁道，要以正当有效且利他的义行来表现，要合乎法令规章伦理道德的礼制，还要运用学识和智慧，并以诚信成就事功。孔子教导成为君子的实践次第，说："弟子，入则孝，出则弟，谨而信，泛爱众，而亲仁。行有余力，则以学文。"其中，泛爱众而亲仁符合"仁"，入则孝出则弟符合"义"，谨而信符合"礼"，有余力则学文符合"智"。因此，实践《君子道》，就要努力发扬光大仁道思想和儒家等中华智慧的精髓，致力于修身成为真正的君子，尽心尽力做好齐家、治国、平天下，为大众和社会创造和谐、健康、繁荣、快乐和幸福。

《君子道》首先强调,孝和悌是一切伦理道德的根本。由孝就会延伸到忠,对团体上级忠诚,对事务认真负责;由悌就可延伸为对亲友友爱,对尊长恭敬。儿女对父母善尽孝道,就要关怀、服侍和奉养父母,要让父母放心,更要发扬光大正道贡献国家社会,让父母以儿女为荣。实践悌德,就要兄(姊)友弟(妹)恭,与家人相亲相爱,与朋友互相勉励、支持和帮助,上下级和长晚辈要互相尊敬、关爱和诚信。

《君子道》其次强调,做人做事要严谨和诚信。要严身谨行为人处世,日常生活就要严谨有规律,做人待人要以严谨的态度和做法善待他人,处世做事要运用严谨的思想、心态和做法认真负责,努力完成任务、达成目标、超越目标和不断革新。以诚信成就事功,要努力提高实力和表现,发生错误和过失要迅速承认、处理和改正,对于承诺要及时做到,日常表现要言行一致,这样就可建立信用、信任和互信。

要做好为人处世,更重要的是要修持仁爱之心,也就是要泛爱众和亲仁。泛爱众不能只是思想和心态,更重要的是要认真努力实践。因此,每个人都要将心比心推己及人,努力提高实力积极为他人和团体作贡献,尽力避免令人厌恶、违反道德和对人有害的行为,尽量表扬他人的优点和善行,多多报恩不计较怨恨,最好以道理、美德和感情待人,使人心悦诚服。除此之外,更要努力实践仁义之道,致力于修身、齐家、治国、平天下;还要运用中庸之道和德政管理,与志气相投的有志之士共同推动仁义之道。

要有效实践和推动《君子道》上所强调的各种美德,就要努力学习,不断提高专业素质、人格素质和执行能力;以及努力奉献,与他人共同协作,共创个人、他人和团体的利益、价值和幸福。在学习时,除了现代的专业学识和经营管理外,最好还能研习中国古代的典籍,包括为人处世方面的四书、经营管理方面的《孙子兵法》、超脱智慧方面的《道德经》和禅学。学习时要做有系统的学习,努力在博学、审问、慎思、明辨、笃行上下功夫。在奉献时,则要认真努力做好本分工作，同时创造私利和公益，还要教导他人提高素质和创造幸福的方法，以及致力于社会慈善公益事业。

《君子道》是为人处世和做人做事的行为准则，也是儒家思想、中华文化和世界文明的实践和基础，可以帮助大家达成人生美满、事业成功、家庭幸福和社会繁荣。《君子道》的主要精神，与儒家思想、中华文化和世界文明一样，都是爱与敬。大家都要把握爱与敬的精神，努力实践《君子道》、中华智慧、现代管理和科学文明。祝愿大家都能成为君子，彼此互相紧密结合，共同实现中华民族伟大复兴的中国梦，共创正大光明的美丽新世界。

《君子道》的精神是什么？

《君子道》的精神，最主要是"爱"与"敬"。爱与敬彼此互相关连密切，而且相互为用、相辅相成，常会由爱生敬或由敬生爱，又是爱中有敬或敬中有爱，而且常是爱敬相随相生。就君子的实践次第加以分析，"入则孝，出则弟，泛爱众，而亲仁"是以爱为主以敬为辅，"谨而信，则以学文"则是以敬为主以爱为辅。若进一步分析儒家文化与中华文化的主要内容，大致也不离爱与敬的精神。

由此看来，在实践《君子道》时，最好都以"爱"与"敬"的精神作为遵循的依据。这样，每个人的起心动念和所作所为，必更能符合《君子道》、儒家文化和中华文化的原则与精神，使自己、他人和团体，都能产生最大的效益。爱与敬可以说是古今中外各宗各派的普世价值观。譬如佛家主张慈悲，慈是予人安乐，悲是解人苦难；道家的老子，也以慈为他的三宝之一；基督教的教义，则相当注重博爱。这些，其实都与儒家的仁道思想相近，都充满爱与敬的精神。

基于爱与敬，每一个人都要建立积极正面的人生观，以正向的能量面对及运作人生中所有的一切人、事、物。无论是对人或对事，都要秉持积极正面的人生观，以积极、正面、向上、提升与乐观的思想、心态和做法进行。在对人方面，要诚心诚意及认真彻底，要与人为善及乐于助人，要劝谏他人及预防受害；在对事方面，要针对目标、运用计划、彻底执行及随时检讨，要心意坚定及坚忍不拔，要面对困难及解决问题，要找方法及不找借口。当处于顺境时，要不骄傲、不自满及不迷失；当处于逆境时，要冷静面对、妥善因应及化危机为转机。结合积极正面的人生观和爱与敬的精神，在运用《君子道》、儒家文化和中华文化时，必能使效益不断倍增及提高。

《君子道》书中，包含了《弟子规》的内容。《弟子规》自清朝成书至今，对于中华民族的德行教育，贡献颇多。但《弟子规》一书中所述的实践做法，由于是参照当时的社会思潮和状况所写成，而数百年来已经发生了许多重大的变化；又由于当时以农业社会为主，颇有别于现代的工商社会；再加上近代西方文化的强烈冲击，一些书中所述的做法已经不切实际，甚至不合时宜。因此，在现代要实践《弟子规》，应自《弟子规》每一部分的内容中，萃取其精神与原则，以爱与敬的精神为依归，结合《君子道》和儒家文化的思想智慧，根据现今及未来的世界思潮与状况，加以保留、修改、去除或革新，切不可一味要求依样画葫芦及完全遵照实行，这样更能对为人处世和做人做事产生更大的效益。

为什么人人都要努力实践《君子道》？

中华文化以儒家文化为主，以道家、佛家等文化为辅。在儒家文化中，将达到做人理想标准的人称为君子。儒家主张，每个人都要努力修身成为真正的君子，致力于齐家、治国、平天下，为大众和社会创造和谐、健康、繁荣、快乐和幸福。如果人人都能成为君子，并且努力实践君子之道，则整个社会、国家、民族必然会持续成长、发展与兴盛，就算一时沉沦也会快速复兴。在中国数千年的历史长河中，治乱频仍兴衰交替，不断显现出君子的重要性和价值。在目前全球化时代，如果能在全世界发扬君子之道，相信必能使全世界更快速迈向大光明境界。

君子道

　　君子具备高深的学问、高超的智慧和高尚的德行，必须认真实践，应用在自己的人生和事业上，以及对他人、社会、国家、民族和世界的奉献上，致力于创造幸福和扶危济困，这样才更能彰显君子真正的价值。孔子在《论语》中，举当时的郑国宰相子产为例，说他有四种行为合乎君子之道，包括立身处世能恭谦庄严，为国家做事能严正谨敬，对民众能惠爱造福，役使民众能正当合义。（"子谓子产，有君子之道四焉。其行己也恭，其事上也敬，其养民也惠，其使民也义。"）如果君子一方面能持续修习学识、智慧、品德和能力，另一方面能不断为大众和社会创造福祉，必能得到大家的景仰和爱戴。

　　如何修身成为真正的君子，孔子在《论语·学而篇》中提出实践的方法次第，主张大家要次第做好孝、悌、谨、信、泛爱众、亲仁和学文等德行。如果人人都能努力修身成为君子，致力于实践这些君子德行，必能使人生更美满、事业更成功、家庭更幸福，以及社会更发展、国家更兴盛、世界更太平。《君子道》对于如何实践这些君子必备的德行，都分别提出具体的建议，作为大家实践时的参考。因此，人人都要结合儒家思想、中华智慧、当代科学和现代管理，以努力实践《君子道》作为重点，并以实践《弟子规》作为起点。

　　人人努力学习和实践《君子道》，致力于修身成为君子，发挥君子的价值和效益，对个人、大众和社会都非常重要。对于《君子道》，除了自我学习和实践外，还应该与他人互相学习共同实践，对于儿女、学生和后辈等弟子也要尽心教导，这样更能发挥全员性、全面性和整体性的效果。生命的意义在于学习和奉献、培养自己和他人成为君子，大家共同努力实践《君子道》，使自己、他人和社会更光明更美好，是每个人的责任和使命。

《君子道》思考实践的关键要点

中华文化成就伟大中国

1. 中国在宋代以前，曾经是世界上最文明的国家。国势最强盛，经济最繁荣，农工商业最发达，尤以汉朝和唐朝达到顶峰。在明成祖之后以迄清代，中国改采闭关锁国政策，逐渐被西方列强超越及欺凌。自1978年起，中国采取改革开放政策，国力扶摇直上，又再度成为世界强国，在21世纪将再度领导全世界。

2. 中华盛世历经数千年，在近代沉沦二百余年之后又能重新快速复兴并逐步迈向高峰，主要是因为拥有博大精深务实通达的中华文化，尤其是其中所蕴含高瞻远瞩睿智通达的中华智慧。在现代中国，如果以此结合西方的科学和管理，必能相得益彰大放异彩。

3. 儒家主张仁道思想、君子之道、德治管理、大学之道和中庸之道，非常符合利民治国的需求，广受领导阶层和广大民众的欢迎。自汉武帝以来各朝代的中华文化，几乎都以推动儒家文化为主，以推动道家、法家、佛家、兵家等文化为辅。

4. 中华民族都是由中华母亲生出来的。要有伟大的中国，就需要有伟大的中国人民。而要塑造伟大的中国人民，所有的中国母亲，都要对自己、家人、社会努力实践、推动和教导以儒家为主的中华文化，且以《君子道》作为重点和基础，以《弟子规》作为起点。

儒家文化的精髓

1. 儒家思想的核心，是以"仁、义、礼、智、信"为系统的仁道思想。"仁"要爱他人和团体如同爱自己，要以正当有效且对他人有贡献的义行来表现，所作所为要合乎法令规章伦理道德的礼制，还要运用卓越的知识和智慧，并以诚信来成就事功。

2. 儒家主张每个人做人的理想标准，是要努力修养成为智、仁、勇兼备的君子，也就是要以仁爱为中心，以知识、智慧和勇气来实践。除了自己认真学习努力工作之外，更要努力为他人和团体奉献，使人人安和乐利和平安幸福。

3. 基于仁道思想和君子之道，对于人生、事业、家庭和社会的经营管理，儒家主张要运用以道德为主的德政管理，要内圣外王并用。因此，为政者要努力修身正己及以身作则，致力于推行德政，用道德教导人民，用礼教来治理，达到人人幸福、家庭兴旺、民富国强的目标。

4. 每个人如何学习和奉献，儒家主张大学之道。在学习方面，儒家主张要依序做好穷究事物真理（格物）、推极知识良知（致知）、诚恳心意（诚意）、端正内心（正心），然后由此而修习好知识、智慧、品格和行为（修身）。在奉献方面，儒家主张要先管理好家庭（齐家），再推进到治理好国家（治国）和促进天下太平（平天下）。

5. 儒家思想的心法是中庸之道，也就是要运用至诚，常保内心清纯平静，思想不偏不倚，行为合乎节度，没有过度或不及，要能恰到好处，且要坚持不改变。要做好中庸之道，每个人都要不断提高、掌握和发挥至诚，努力做到尽己之心和推己及人，并运用智、仁、勇三达德择善而固执。

6. 母亲的好坏，除了影响自我的幸福而外，更严重影响家庭和社会的荣枯盛衰。为自己、为家庭、为社会，每一位母亲最好认真学习、实践、教导和推广儒家文化的精髓，并以努力实践《君子道》作为重点和基础，以及以努力实践《弟子规》作为起点。母亲如此，父亲也应该如此。

人人努力实践《君子道》

1. 儒家文化是数千年来中华文化的主流，其原典《论语》、《大学》、《中庸》、《孟子》四书，充满了高超的为人处世和经营管理的思想、哲学、智慧和实践方法，十分博大精深和周延齐全，值得大家努力学习和实践。《君子道》和《弟子规》都根源于儒家文化，人人都要努力修身成为君子，最好以实践《君子道》作为重点，以实践《弟子规》作为起点。

2. 《君子道》发扬儒家核心的仁道思想，期望人人都努力修身成为真正的君子，做好齐家、治国、平天下。《君子道》的内容，对于如何成为真正的君子提出具体的建议，主张每个人都要做好孝道和悌德，做人做事要严谨和诚信，为人处世要修持仁爱之心，还要努力学习和奉献，提高素质和贡献。祝愿大家都能成为君子，彼此互相紧密结合，共创美丽新世界。

3. 《君子道》的主要精神，与儒家文化、中华文化和世界文化一样，就是"爱"与"敬"。基于爱与敬，每一个人都要建立积极正面的人生观。结合爱与敬的精神和积极正面的人生观，在实践《君子道》、儒家文化和中华文化时，必能使效益和价值不断倍增及提高。

4. 君子具备高深的学问、高超的智慧和高尚的德行，要努力为自己、他人、社会、国家和世界做出贡献，致力于创造幸福和扶危济困。《君子道》是成为君子的实践方法次第，对于各种君子应备德行的实践方法，都分别提出具体的建议。对于《君子道》，人人除了自我努力学习和实践外，还要与他人互相学习共同实践，并尽力教导他人，发挥全员性、全面性和整体性的效果。

实践《君子道》和《弟子规》案例分析

案例一：学校注重教导《弟子规》

一、案例

位于广州的中山大学，由革命先行者孙中山先生所创办，以儒家经典所主张的"博学、审问、慎思、明辨、笃行"作为校训。中山大学历经发展及改制，至今已经成为名牌综合性大学，在国内和世界上都具有崇高的学术地位，数十年来培养人才无数，为社会、国家、民族做出巨大的贡献。笔者近数年来也在中山大学数个学院的企业经理人EDP班担任客座教授，主讲国学智慧、身心修炼和企业管理课程，深深感觉到，每个人都要努力做好终生学习，个人和团体才能永续成长和发展。

近年来，中山大学在校内提倡学习《弟子规》，规定学生要常诵读《弟子规》，并要求好好加以实践。对于此事，报章也常有报道。在2013年7月，笔者到该校主讲国学课程两天。在第一天开始讲课前，带班老师要求先带领学员诵读《弟子规》。该班学员都是国有或民营企业的高级经理人，有不少是总经理或董事长，年龄多在40岁以上。当时只见大家一起肃立，高声朗诵《弟子规》，神态既专注又庄严。笔者深受感动，也跟着一起朗诵。当时笔者心中深深感觉到，如果大家都能努力学习实践《弟子规》和其他国学经典，中华民族伟大复兴的中国梦，必能更早更好地实现。

二、案例分析

《弟子规》是清朝康熙年间的秀才李毓秀撷取《论语·学而篇》中的一段话"子曰：弟子，入则孝，出则弟，谨而信，泛爱众，而亲仁。行有余力，则以学文。"结合儒家思想和社会状况，提出如何实践的具体做法，以三字经形式表达的一本书。书名原为《训蒙文》，后经贾存仁加以修订，改名为《弟子规》。

《弟子规》的总训是："弟子规，圣人训，首孝悌，次谨信，泛爱众，而亲仁，有余力，则学文。"《弟子规》对其中的每一句话，都提出具体的实践方法。其中的内容，非常符合儒家思想的精髓，包括仁道思想、君子之道、德治管理、大学之道和中庸之道等，都是为人处世和做人做事的行为准则，也是美满人生、幸福家庭、成功事业和繁荣社会的宝训。很多人对《弟子规》望文生义，认为只适用于儿女、下级、后辈等弟子辈。事实上，其中的许多内容，对父母、上级、长辈也都非常适用。《弟子规》既能据以修身，又能用以教育后辈。因此，每个人都要努力学习实践《君子道》，并以学习实践《弟子规》作为起点。

社会上各行各业所需要的人才，都要求品德和才能兼备。如果人才不能德才兼备，则宁愿要求德重于才而非才重于德。因此，学校的教育最好能够品德和才能并重。古代的教育，甚至更注重品德教育。现代的教育刚刚相反，往往过度注重才能教育，对品德教育常有不足，尤其大学更是如此。由于这个原因，学生毕业后在社会上常造成许多乱象。有鉴于此，近年来中山大学和一些大中小学都积极提倡学习及实践《弟子规》和国学经典，帮助学生在学校中成为品学兼优的好学生，毕业后在社会中成为德才兼备的优秀人才。这种举措，确实可以弥补道德教育的不足，希望全国各级学校都能跟进实施。在将来，各级学校最好也能积极提倡学习及实践《君子道》，这样效果还会更好。

社会是更重要的终生教育平台，也应该努力推动品德教育。企业界和各行各业的主管，如果也能努力学习实践《君子道》、《弟子规》和其他的国学经典，一方面可借以加强修身成为更好的主管，一方面也可以此教导部属员工及推动到全公司，形成优良的企业文化。如此，必能使企业的经营管理更成功，更好更有效地发挥企业的社会使命。

案例二：企业界推动《弟子规》

一、案例

近年来，有一些企业也开始在企业内推动《弟子规》。企业引进《弟子规》，据说最早由早期进入中国投资的外资企业开始。当时这些跨国公司的高层管理者大部分是海外华人，他们发现，所雇用的员工对父母的态度或冷漠或骄纵，家族观念也很淡薄，因此对企业缺少忠诚度和归属感，跳槽成为家常便饭，对企业造成许多困扰。十余年前，有一些马来西亚和新加坡籍的华人高管引进《弟子规》，以此培训员工并实践于企业的经营管理中。经过一段时间，这些企业高管发现，员工的自主性、积极性、凝聚力、向心力、责任感、归属感和忠诚度都普遍有所提高，不但加强了企业文化，同时也提高了营运绩效。由于效果良好，在企业内推动《弟子规》，逐渐普及到其他外资、合资、国有和私有企业。

在山东，有一家民营企业积极推动学习实践《弟子规》，该企业董事长发表推动后的感想，认为《弟子规》教导如何做人和做事，有效规范员工的行为举止，对企业的经营管理帮助很大。企业要能不断成长和发展，必须重视经营道德和管理规范，这些也很得力于《弟子规》的教育与实践。在浙江，另有一家企业也很积极推动《弟子规》，有一位主管发表感言，认为学习实践《弟子规》，会变成孝敬父母、尊敬长辈、友爱兄弟姐妹和与人为善的人，而在工作上也会积极向上、认真负责、严谨诚信和谦虚好学，为企业做出更大的贡献，这样更能成为受人尊敬和重视的人才。

二、案例分析

中华文化以儒家思想为主,以道家、佛家和其他各家思想为辅。《弟子规》发扬儒家思想,可以说是儒家思想和中华文化的实践起点。《弟子规》的内容,主要教导如何更好更有效地为人处世和做人做事,无论是在生活上和事业上,都非常重要。在《弟子规》中所阐述的实践做法,由于时代背景和社会状况不同,有些可能已经不合时宜。在现代要实践《弟子规》,最好萃取《弟子规》的精神和原则,以儒家的思想智慧为依归,结合现代及未来的思想哲学和社会状况,对不合时宜的加以修订,对合宜可行的加以发扬光大,对有所不足的加以补充加强,最好还要提升为实践《君子道》,这样更能对人生和事业产生更大的效益。

《君子道》和《弟子规》中的内容,大多讲述生活中做人做事的实践做法。在企业中,只要根据经营管理的需求和状况,适当加以转化应用,就会使经营管理的绩效得到很大的提升。宋朝开国时的宰相赵普曾经说过一句名言:"半部《论语》可以治天下。"运用《论语》中一半的理念、策略和做法,就可以治理好天下,更何况只是企业,而且运用的还是整部《论语》。在数千年来的中国,国学智慧常被称为"帝王将相学",尤其是经营管理方面的《孙子兵法》,为人处世的《论语》等四书,以及超脱智慧的《道德经》和禅学。现代的企业主管和社会精英,如果要更出类拔萃,并使所经营管理的事业更杰出更卓越,最好努力研读及实践《君子道》、《弟子规》和其他国学智慧。

在企业中实践及运用《君子道》与《弟子规》,最好根据《君子道》与《弟子规》的精神和原则,结合现代管理,贯彻实施在日常营运的操作制度和实务中。就孝而言,由孝可移转扩大为忠,也就是要对企业、同事、客户、社会、国家等都要忠心耿耿,对所负责的事务要认真负责地完成任务、达成目标、超越目标和不断革新。就悌而言,要尊敬友爱上级和同事,运用团队建设分工合作,为企业及社会创造最大的利益和价值。就谨信而言,做人做事都要严谨有信用,努力推动以制度化为主的现代管理。就泛爱众和亲仁而言，要努力加强心性修炼，不断提升加强仁爱的思想、心态和做法。就学文而言，企业要建设成为学习型组织，使企业和员工持续力求精进、成长和发展。如果能这样，企业员工必可与时俱进更创新猷。

  《君子道》与《弟子规》的主要精神是"爱"与"敬"。爱要爱自己、爱同事、爱企业、爱客户、爱供应厂商、爱社会和国家民族，敬要以认真、负责、严谨、诚信及精进的理念和做法推动敬人、敬业和乐群。在企业中实践及推动《君子道》与《弟子规》，如果能够运用"爱"与"敬"的精神，秉持积极正面的人生观，同时结合国学智慧和现代管理，切实做好规划及彻底实施，必能使企业更成功、更杰出、更卓越。

一 孝道 百善首 道在理

　　百善孝为先，孝道是所有优良伦理道德的初始和根本。孝字的构成，在上者为老，在下者为子。儿女要以子承老，父母要以老顾子，是儿女与父母间双向互动的关系。发扬光大孝道文化，对中国和中华民族的文明发展与繁荣昌盛奠定了健全良好的基础。

　　儿女要对父母善尽孝道，就要以敬爱之心，首先要努力关怀、服侍和奉养父母，尤其是在父母年老退休之后；再进一步，要在做人做事方面，将本身、家庭、亲友和事业经营管理好，让父母放心；当父母有过失和错误时，要提醒和劝谏父母；更进一步，还要继承和发扬光大本身和父母的正道和志向，为家庭、社会、国家和民族做出最大的贡献，使父母以儿女为荣。

　　在《弟子规》中，对于如何实践孝道的具体做法，列出24则。就其性质加以分类，包括勤奉父母、勿贻亲羞、劝谏父母和尽心事亲四部分，可根据个人、家庭与社会状况加以实践，或萃取其精神和原则配合现状加以修改应用，或结合儒家和中西文化精髓加以创新实践。

孝道如何双向互动?

在中华文化中,非常强调百善孝为先,甚至有孝道治国的说法。因此,在《君子道》和《弟子规》中,最先提倡的就是孝道。在家庭中,父母子女相亲相爱,父母慈爱子女,子女对父母尽孝,乃是天性使然。家庭是社会最基本的组织单位,为了个人的成长发展和家庭的和谐兴旺,父母慈爱与子女尽孝,也是势所必需。基于这些原因,中国数千年来非常提倡孝道,并由此延伸出各种伦理道德的思想、规范、制度和行为,对于中国和中华民族的文明发展与繁荣昌盛奠定了健全良好的基础。

中国在早期的尧舜和夏商时代,孝道文化大都以自然形态存在。在周朝,尤其是周公制礼作乐以后,将孝道和其他伦理道德进一步加以落实,制定了较为完备的礼教规范和制度,使孝道和其他伦理道德更为深入和发展。在东周之后的春秋战国乱世,虽然礼乐崩坏乱象丛生,为了争权夺利,甚至还发生一些父子、兄弟、君臣相杀相残的现象,但基本上孝道文化和伦理道德仍然普遍深植人心。加上当时儒家和其他各家先贤圣哲的拨乱反正和主张提倡,终使后世对此更能持续加以发扬光大。

孝字的构成,在上者为老,在下者为子,是父母与儿女间的双向互动关系。就下对上的关系来说,儿女要以子承老,也就是要尽心尽力敬爱奉侍父母;而就上对下而言,父母则要以老顾子,也就是要全心全力慈爱养育儿女。人类为了生存和发展，必须结社群居，其中最基本的单位就是家庭。基于天性自然的血缘亲情，也为了每个家庭成员的成功、幸福与美满，更为了社会的和谐、繁荣和发展，人人都要努力实践及提倡双向互动的孝道文化。

中国在数千年来，比较偏向上位威权思想。因此，就孝道文化而言，无论在思想、观念、心态上，乃至规范、制度、法规和教育等方面，都更为强调子女对父母的孝道，甚至还认为天下无不是的父母。事实上，作为父母，如果能对子女儿媳真心爱护及尊重，又能对自己的父母公婆真正尽孝，还能在做人做事方面以身作则成为榜样，就会让儿女及他人更加尊敬和感动，如此，儿女必会更尽孝道。父母如果在这些方面做得不够好，而只一味要求儿女尽孝，结果常常相当不理想。这一点，非常值得为人父母者反省与深思。

为什么要提倡孝道？

中华文化十分提倡孝道，其原因除了基于亲情自然本性和个人与家庭的成长发展需求之外，最主要的原因还认为孝道是所有优良伦理道德的初始和根本，也就是说，如果做好孝道并加以延伸，就个人而言，就能培育自己成为兼备仁、义、礼、智、信和智、仁、勇的君子；对家庭而言，就能夫妻恩爱及兄弟姐妹和睦，共同创建和谐、幸福、美满的家庭；对社会、国家、民族和世界而言，就能尽忠、认真、负责地与大家共创共享相互的利益和价值，使本身及他人共同受惠。

中华文化以儒家文化为主。儒家主张，父母慈爱儿女尽孝的孝道，以及由孝道延伸出的兄（姐）友弟（妹）恭的悌德，是一切德行的根本。在《论语》中记载，孔子的学生有子认为，一个人如果能够孝顺父母及友爱兄弟姐妹，就很少会冒犯上级长辈，更不会作乱。君子要尽心尽力做好所有的根本要务。当根本建立好了，人生的一切意义和价值就会产生。而孝和弟（悌），就是实践仁道的根本。（原文："有子曰：其为人也孝弟而好犯上者，鲜矣。不好犯上而好作乱者，未之有也。君子务本，本立而道生。孝弟也者，其为仁之本与。"）

中国在周朝及其后的各朝代，都非常注重实践"仁"和"礼"。仁的主要意义是同时关爱和成就自己、他人和团体，礼的意义是法令、规章、制度、伦理、道德的总称。除了儒家而外，其他各家也认为"孝"是仁和礼的起始和根源。譬如《管子》书中就认为，孝和悌是仁的源头始祖（原文："孝弟者，仁之祖也。"）而在《左传》书中则认为，孝是礼的初始开端（原文："孝者，礼之始也。"）孝道如此重要，因此，历代各朝在政治上也极力加以推广，例如汉武帝开设"举孝科"，唐代有"孝悌力田科"，清代有"孝廉方正科"。各朝代都选拔孝子到朝廷为官，更鼓励了大家对于孝道的重视和实践。

在中华文化中，专论孝道的经典是《孝经》，相传是曾子的著作，据考证也有可能是后人在秦汉时代的著作。在《孝经》中，孔子开宗明义就认为，孝道是古来最高的德行要道，由此就能使天下和顺，使老百姓和睦相处，使上下之间彼此没有抱怨或怨恨。（原文："先王有至德要道，以顺天下，民用和睦，上下无怨。"）所以，孝是一切德行的根本，所有的教养都由此而产生。（原文："夫孝，德之本也，教之所由生也。"）

孔子在《孝经》中还主张，以孝道事亲，最主要的精神是爱与敬。（原文："爱敬尽于事亲。"）君子运用爱与敬的精神，由于以孝道服侍双亲，对上级领导就会移孝为忠；再由孝延伸而以悌对待兄长，就会移恭敬于长辈；又进而对家庭管理好，就会移治理之道应用于官场。做到这样，就能以内在的德行而名扬于后世。（原文："君子之事亲孝，故忠可移于君；事兄悌，故顺可移于长；居家理，故治可移于官。是以行成于内，而名立于后世矣。"）

儿女最基本的孝道是什么？

儿女对父母善尽孝道，大部分人都认为，最基本的是要关怀、服侍和奉养父母。因此，在日常起居生活上，要问候、帮助父母；对父母的健康和疾病，要关心和照顾；对家庭中的事务，要为父母分忧解劳；在父母年老时，要奉养父母。在中国，许多父母常有"积谷防饥，养儿防老"的观念；许多子女也常有"回报父母养育之恩"和"尽孝是儿女的义务"的想法。这些观念和想法，固然无可厚非，也反映了一些现实和需求，但未免太过于功利主义，以致常常使孝道的实践因过于现实而不能持久及深入，甚至流于形式或怨怼丛生。

孔子认为，要善尽最基本的孝道，在表现关怀、服侍和奉养父母的行为时，还要加上真正发自内心的爱与敬。在《论语》中记载，孔子的学生子游问孔子如何尽孝，孔子回答，现代人认为尽孝，只是能供养父母。至于犬马，人们也能供养。对于父母如果只供养而不尊敬，则供养父母与供养犬马有什么区别？（原文："子游问孝，子曰：今之孝者，是谓能养。至于犬马，皆能有养。不敬，何以别乎？"）对父母要尊敬，曾子在《礼记》书中也强调，最大的孝是要尊敬父母，其次是不要侮辱父母，最下的才是能养。在中国社会中，常有只供养而不尊敬父母的情事，尤其是一些媳妇对公婆更是如此，需要大家时时警惕、反省及改进。至于连供养都不去做，则可说是连禽兽不如了。

儿女怎样进一步尽孝？

儿女要进一步尽孝，就是要做到让父母放心。儒家思想的心法是中庸之道，主张每个人的为人处世，要做到不偏不倚、恰到好处、没有过度与不及，还要择善固执。要做到符合中庸之道，最主要要以尽己之心而推己及人。将中庸之道运用到对父母的孝道上，最基本的重点，如前所述，就是要尽心尽力且和颜悦色服侍及奉养父母；若再进一步，就要在做人做事方面，将本身、家庭、亲友、事业经营管理好，尽量达到和谐、健康、繁荣、美满、幸福的境界，使父母非常放心；若还再更进一步，就要发扬光大本身和父母奉献社会的心愿与志向，对社会、国家、民族与世界，做出更大的贡献。

对于这种儿女尽孝的层次，《孝经》在开宗明义章上就强调，尽孝要从服侍双亲开始，以服侍君上及事业作为中程，最终要以贡献社会、国家、民族来成就自己。能修习实践好这些德行，就能对得起父母及祖先。（原文："夫孝始于事亲，中于事君，终于立身。大雅云：无念尔祖，聿修厥德。"）父母慈爱、培育、教育儿女，都希望儿女能学识品德兼优，做人做事圆满无缺，对家庭和社会做出最大的贡献。儿女如果能够深切体会亲心，努力做好这些，甚至做到立功、立德、立言三不朽，必能时时让父母放心，以及大慰亲心，且以儿女为荣。

如何以尽己之心推己及人，做好为人处世，让父母放心？在《论语》中列举了一些具体做法，值得大家参考。孔子说，父母在世的时候，不要到远处出游；如果出游，必有一定的地点。（原文："子曰，父母在，不远游；游，必有方。"）父母关心子女，这样才能知悉儿女的安危及状况。在现代社会，儿女常在远方求学或工作，若能常与父母联系，向父母报平安及让父母了解情况，自己本身的问题和困难都能自我解决，这样就能让父母较为放心。

为人处世让父母放心的具体做法，孔子还认为，侍奉双亲，要合乎礼制，包括礼貌、礼仪、伦理、道德、制度等。在《论语》中记载，鲁国大夫孟懿子问孝，孔子回答说，不要违背礼制。孔子说，父母在世时，儿女要依礼事奉，父母过世后，儿女也要依礼治丧和祭祀。（原文："子曰：生，事之以礼；死，葬之以礼，祭之以礼。"）除了发自内心的亲情之外，儿女事奉父母合乎礼制，当更能永续尽孝，让父母更加放心。儿女的作为，若要让父母放心，孔子的学生子夏，还在《论语》中说，娶妻要贵德轻色，侍奉父母要能竭尽心力，服侍君上（事业、社会、国家）要能尽心尽力，与朋友交往要能有信用。（原文："子夏曰，贤贤易色，事父母能竭其力；事君能致其身；与朋友交，言而有信。"）

儿女长得再大再老，在父母眼中，还是儿女。儿女的事，总会牵挂在父母心头。如何让父母放心，孔子提出一个原则作为总结。《论语》记载，孟懿子的儿子孟武伯问孝，孔子回答，一个人如果能做到使他的父母只担心他的疾病，那就可以算作孝子了。（原文："孟武伯问孝。子曰：父母唯其疾之忧。"）儿女的事，包括身体是否健康，为人处世是否圆满，学业是否成就，事业是否成功，婚姻是否美满，家庭是否和谐幸福，孙辈是否成材，等等，都是父母关心和担心的事。这些都要努力做好，不要让父母担心、烦恼，真正做到让父母放心。这样，只剩下万一生病这件事让父母担心而已。真正让父母放心，儿女才算做到对父母进一步的孝道。同样的道理，角色互换，父母做到真正让儿女放心，"儿女唯父母疾之忧"，则儿女必会更善尽孝道。

父母有过错，儿女该怎么办？

在中国，数千年来至今，孝道常通称为孝顺，认为儿女尽孝道就要顺从。父母慈爱儿女，尽心尽力养育和教育儿女，基本上儿女应该顺从父母的盼咐、叮咛、要求和教导。儿女在年幼时，对于父母的种种行为，比较没有分辨能力，若能尽量顺从父母，对儿女的成长和发展应该比较好。但即使如此，父母最好也要适度尊重儿女，切勿一味压制或强迫。在儿女每个成长阶段，尊重与强迫间的分寸掌握，以及父母对应儿女时的情绪控制，有赖于父母的智慧与修养。儿女年纪渐长，分辨善恶对错的能力增加，父母如有过失或错误，或因情绪激动而做出不当决定，如果儿女还是一味顺从，那是愚孝，将陷父母于不义，甚至还祸害父母，非常违背孝道。

在家庭中，儿女如有缺点或过错，父母应当在私底下当面教导及纠正，最好不要在他人面前斥责或处罚，更不可在他人面前抱怨儿女或传播儿女的不是，以免损伤儿女的自尊，或促使儿女自暴自弃。对于父母的缺点或过错，儿女同样要在私底下当面劝谏，切勿在他人面前抱怨或指责。在《论语》中记载，叶公告诉孔子说，在我们家乡有个以正直著称的人叫躬，他父亲偷了人家的羊，而他去作证。孔子听了回答说，我们家乡所谓直道和这不一样。父亲替儿子隐瞒，儿子也替父亲隐瞒，直道就在这里。（原文："叶公语孔子，吾党有直躬者，其父攘羊而子证之。孔子曰：吾党之直者异于是。父为子隐，子为父隐，直在其中矣。"）

对于父母的缺点或过错，子女除了要为父母隐瞒之外，更重要的是要劝谏父母，否则父母的缺点或过错可能愈来愈严重，甚至演变成一发不可收拾，贻害父母本身、儿女、家庭和社会，变成人人受害。如果父母有过错，儿女不但不劝谏，甚至还加以赞扬，则必将更陷父母于不义，最终可能使父母身败名裂，并祸害家庭和社会，这真是重大的不孝。对于劝谏父母，孔子在《论语》中主张，如果父母有过错，儿女要婉约劝谏。如果父母不听，还是要尊敬父母，但是不放弃劝谏。这样虽然很忧心劳累，但仍不怨恨。（原文："子曰：事父母，几谏；见志不从，又敬而不违；劳而无怨。"）

儿女劝谏父母，除了使父母为人处世更成功外，还使家庭更和谐兴旺，使社会更健康繁荣。在《孝经》中记载，曾子问孔子，如果儿女遵从父亲所有的指令，可算是孝吗？孔子斥责曾子说，你说的是什么话！天子、诸侯、大夫虽然无道但仍不至于覆亡，是因为有谏争的部属。士人有谏争的朋友，就能随时保有声誉。父亲有谏争的儿女，就不会陷于不义。所以，每当不义而犯有过错时，儿女不可以不对父亲争谏，臣子不可不对国君争谏。有不义的过错就要争谏。听从父亲一切的指令，又怎能称为孝呢？（原文："父有争子，则身不陷于不义。故当不义，则子不可以不争父，臣不可不争于君。故当不义则争之。从父之令，又焉得为孝乎？"）

更进一步的孝道是什么？

透过家庭，人类得以繁衍生息，一代传一代。父母总是期望儿女能比自己更强更成功，自己的志向能在下一代更加发扬光大，家庭能更枝繁叶茂及花好月圆。中国的父母，普遍都非常注重教育，宁愿自己节衣缩食，也要使儿女接受最好的教育。除了学校教育和社会教育而外，家庭教育对儿女的成长和发展非常重要，尤其是在人品、德行、习惯和人格的养成方面。在这一方面，儿女在家庭中耳濡目染，颇受父母影响，因此父母也都会努力以身作则及教导儿女。儿女尽孝，要深深体会父母的苦心，努力学习天天向上，培养自己成为才德皆优的英才，不要辜负父母的期望。

对于继承和发扬光大父母的期望和志向，儒家非常重视及强调。在《论语》中，孔子说，要看一个人是否尽孝，当他的父亲在世的时候，要看他的志向怎样；当他的父亲过世以后，要看他的行为怎样。如果这个人在三年内不改变他父亲生平所行的正道，那就可以说是尽孝了。（原文："子曰：父在观其志，父没观其行。三年无改父之道，可谓孝矣。"）对于这样的观点，曾子在《论语》中也说，我听老师说，鲁国大夫孟庄子的孝道，别的事都还容易做到，独有他不改变父亲所用的人和他父亲所做的事，乃是很难做到的。（原文："曾子曰，吾闻诸夫子，孟庄子之孝也，其他可能也。其不改父之臣与父之政，是难能也。"）时代不断在进步，一切都要审时度势符合时代，为了进一步发扬光大父亲的志业或家业，改变父之臣和父之政，常是势所必需。但在创新和改革时，对于父之臣和父之政，要以敬爱之心充分尊重和慎重处理，这样才能真正做到与时俱进和发扬光大。

不管从事什么职业，如果父母以自己的职业为荣，父母总希望儿女能继承家业，并且能够在其后更加发扬光大；如果父母对自己的职业不满意，父母总希望儿女能从事更好的职业。父母的志向，一般说来，总希望自己和儿女能更加成功，更受人尊敬，更能振兴家业，以及对社会、国家、民族和世界做出最大的贡献。儿女应深深体会父母的这些苦心，不断努力学习和奉献，让自己能超越父母，让家庭更幸福更美满，在继承家业之后更扩大规模及提高水平，或创立更成功更美好的新事业。如此，必能大慰亲心。成功的儿女，也是父母成功的一种表现。让自己比父母更强，让自己更成功更受人尊敬，使父母以儿女为荣，是儿女善尽孝道更高的表现。

由此看来，除了继承父母的正道和志向之外，儿女若能在原有的基础上再加以改革创新和发扬光大，对家庭、社会、国家、民族和世界做出更大的贡献，则是更进一步的孝道，值得大家努力去达成和贯彻。在《中庸》中，孔子认为，善尽孝道，要像周武王和他的弟弟周公一样，要能继承先人的遗志，完成及发扬光大先人的事业。除此而外，若能敬奉那些应该尊重的，爱护那些应该亲近的，事奉死者如同事奉生者一样，事奉逝去的如同事奉现存的一样，这更是尽孝的极致。（原文："子曰：武王周公其达孝矣乎！夫孝者，善继人之志，善述人之事者也。敬其所尊，爱其所亲，事死如事生，事亡如事存，孝之至也。"）

实践孝道如何皆大欢喜？

尽心尽力奉养敬爱父母，不让父母担心，发扬光大正道，让父母引以为荣，是儿女应尽的孝道。但作为儿女的父母，也要努力锻炼身体、修炼身心、做好工作、持续学习奉献、戒除不良习惯、避免犯错及有错必改，且时时处处以身作则，让儿女心悦诚服，成为儿女学习的好榜样。对于儿女，则以关爱与尊重的精神和做法，在儿女成长的每一个阶段，分别采取适当的方式，尽心尽力培养和教育。这样，在逐渐成长、逐步学习和耳濡目染的状态中，儿女自然会培养出符合孝道的思想和行为，也会更自然更容易尽孝，使父母儿女双方甚至视尽孝为一种亲密互动和美好享受的方式。

儿女尽孝，最基本的是奉养父母，尤其是在父母年老退休之后。父母在退休前，如果能够做好财务规划，累积出一定的积蓄，则在退休后就可不必或极少依靠儿女资助，甚至还有余力资助儿女；对于儿女的孝敬，以赞赏感谢之心笑纳，还可储存在专用存款账户，在以后归还儿女；这样，岂不更容易让儿女以欢喜心实践孝道。父母在退休前后，都要时时锻炼身体，常保身强体健疾病远离；退休之后也不要无所事事，仍然以不同形式的学习奉献，让生活更充实，也比较不会唠唠叨叨乱发脾气，有时还可以丰富的学识经验和良好的人际关系指导帮助儿女。这样，父母以儿女尽孝为锦上添花，而非生存必需，相信父母儿女双方都能皆大欢喜。

在家庭中，作为母亲，上有父母公婆，中有先生，下有儿女，旁有亲友，对于孝道的实践和教导非常重要。在中国数千年的传统中，婆媳关系的处理，常常成为严重的问题，使同时作为儿子和丈夫的先生左右为难。儿子结婚后，如果母亲觉得失去了儿子，妻子觉得先生还只是母亲的儿子，则两个女人同时争夺同一个男人，纠纷及争战难免，致使孝道的实践变得相当困难。要避免这种现象，首先要转变为积极正面的思想和心态，婆婆认为多了一个女儿，媳妇认为多了一位母亲，要用"敬"与"爱"实践彼此的孝道，同时还要推己及人换位思考，彼此不作计较、互相体谅及多多忍耐。如果情况需要，也许可另外采取一些做法，例如住在公婆附近而非同一房子，彼此各有独立生活空间但方便相互照顾，也不失为一种可行的做法。作为母亲，处理好婆媳关系，运用孝道的思想、观念和做法，以及《弟子规》中所列举的一些方式和做法，相信必能使自己更快乐，家庭更幸福，社会、国家、民族和世界更安和乐利。

孝道文化不止盛行于中国，在西方各国也相当强调，是通行世界的普世价值。在西方各国，比较强调自由平等以及儿女的独立性，儿女直呼父母名字且习以为常。西方因较早进入工商社会，采取小家庭制度，在子女18岁以后即被父母要求独立，婚后且多与父母分居。父母退休后的生活，国家社会福利的照顾也较为完备。虽然如此，儿女父母间的孝道，西方各国仍然相当重视，只是表现方式和程度有所不同。中国传统上威权式的孝道文化，若能参考西方自由平等的思想和今后中国工商社会的潮流，努力实践诚心诚意、亲情互动与互敬互爱的精神，相信今后的孝道文化必能更加发扬光大，人人都能更和谐、健康、繁荣、快乐、美满及幸福。

《弟子规》中孝道的实践

如何实践《弟子规》中的孝道?

《弟子规》是清朝秀才李毓秀根据孔子在《论语·学而篇》中的一段话,结合儒家文化的精髓,以及作者在实践儒家文化上的心得和见解,配合当时的社会状况,以三字经的形式写成。孔子的那一段话是:"弟子,入则孝,出则弟,谨而信,泛爱众,而亲仁。行有余力,则以学文。"这一段话,涵盖了儒家文化大部分的思想,李毓秀在《弟子规》中,讲述了每一思想如何实践的做法。

儒家思想以《论语》、《大学》、《中庸》、《孟子》四书为原典,蕴含了每一个人为人处世最高的智慧。儒家思想是中华文化的核心,中华文化是世界文化非常重要的组成部分。因此,《弟子规》可以说是儒家文化、中华文化和世界文化的实践和起点,也是大家为人处世和做人做事的行为准则,更是成功事业、美满人生、幸福家庭与繁荣社会的宝训,值得大家努力学习和实践,并以此来教导儿女和下一代。

在《弟子规》中,对于孝、弟(悌)、谨、信、泛爱众、亲仁和学文的具体实践做法,分别加以叙述,共114则。其中,关于孝的部分共24则。在本书中,每则间将以句号分开。《弟子规》中,关于孝的实践,就其性质加以分类,依笔者的意见,可分为勤奉父母、勿贻亲羞、劝谏父母和尽心事亲四部分,是实践孝道应有的基本做法。

《弟子规》中所述的实践做法,许多至今仍然适用,可根据每个人和家庭的状况，分别加以实践。其中部分的内容，可能不符合现代思潮和现实，则可萃取其原则和精神，配合现代社会状况加以运用。对于儒家和中华孝道文化，《弟子规》的内容并未能涵盖全部。对于未能讲到的部分，最好运用《君子道》、《弟子规》、儒家文化和中华文化中"爱"和"敬"的精神，参考"四书"和其他中西思想的做法，以及本章的内容，好好加以思考及实践。

如何勤奉父母？

《弟子规》中讲述孝道的实践，首先主张勤奉父母，也就是要诚心诚意服侍父母，共12则，内容如下：

"父母呼，应勿缓。父母命，行勿懒。父母教，须敬听。父母责，须顺承。冬则温。夏则清。晨则省。昏则定。出必告。反必面。居有常。业无变。"

这些内容，首先讲到儿女与父母之间应有密切良好的互动。儿女对于父母的呼唤、叮咛与命令，要快速回应和实践；对于父母的教导，要认真倾听和接受；对于父母的责备和处罚，要虚心承受和顺从。这些要求，儿女基本上都应该认真努力去实践。一些儿女爱理不理、左耳进右耳出、迟缓拖延、顶嘴抗拒、不虚心受教等现象，确实需要改进。但父母在呼、命、教时，也要好好思考其必要性及合理性；在教导时也不能一味强迫儿女接受，要尊重儿女的意见和判断，常常还要保持耐心和循序渐进；如果儿女不理睬甚至顶嘴抗拒，也要检讨原因力求改善。

对于父母的责罚，《弟子规》主张要顺承。但儿女在接受父母的体罚时，大部分人都主张"小杖则受、大杖则逃"，以免父母事后因体罚不当而后悔。责罚儿女的目的，在于教育儿女。事实上，许多父母在责备处罚儿女时，常常只是发泄情绪，并非以教育为目的，甚不可取。父母在情绪非常激动时，切不可责备或处罚儿女；最好等到恢复冷静、理性、客观时，如果觉得确有以此教育儿女的必要，才可采取责罚的手段。这样，出言及下手才会较有分寸，也才不至于使彼此心灵受害及后悔。

《弟子规》勤奉父母的内容，其次讲到对父母的关怀和服侍。对于居家环境和生活，要尽量做到让父母舒适。冬天天气寒冷，要设法让父母感到温暖，古代还有先为父母暖被的孝行。夏天天气炎热，要设法让父母感到清凉。这种要求，在现代应该不难，安装空调、保持居家整洁等就能解决。当然，如果儿女有时给父母奉茶或扇凉，父母心中也会感觉很温暖。除此而外，还要时时向父母问候请安，尽量帮父母处理私事或家事。如果没有与父母同住，要时时或定时打电话问候；在节假日或有急迫需要时，要多回家探望父母；如果方便，接父母同住一段时间更好。

勤奉父母，更进一步的实践，就是要让父母放心。每天外出及回家，要禀告或面见父母。如果人在外地，不论是出差、求学或长居，要常向父母报平安。在外地的住所，最好较为固定。对于自己所从事的事业或职业，不要变更频仍。这些事如果做好，就比较不会让父母担心。但在现代，事业或职业因各种原因而变更常难避免。最重要的是，每次变更都要深思熟虑谋定后动，要越变越好，不要让父母牵肠挂肚。

如何勿贻亲羞？

父母都希望儿女德才兼备成功发达，若能以儿女为荣更好。儿女的行为，如果让父母感到难过或羞耻，那是相当大的不孝，亟须改善。《弟子规》中对于勿贻亲羞的内容，共6则，内容如下：

"事虽小，勿擅为；苟擅为，子道亏。物虽小，勿私藏；苟私藏，亲心伤。亲所好，力为具。亲所恶，谨为去。身有伤，贻亲忧。德有伤，贻亲羞。"

上列内容，首先讲到不要胡作非为，也不要窃占不属于自己的物品。对于邪僻、污恶及败坏的事，不要去做。对于正邪难辨的事，要多听取他人的意见，尽量不要去做。对于家事或事业中的公事，要多倾听意见，多多相互讨论，尊重各人的权责，不要擅自决定。对于自己的重要大事，不妨多多征询父母和朋友的意见作为参考。对于他人的物品和金钱，不可窃占。贪污舞弊的行为，后患无穷，要绝对避免。家庭中的公物，若要取用，最好禀告父母，以免滋生误会。

要做到勿贻亲羞，《弟子规》其次主张，父母所喜好的，儿女要尽力备齐；父母所厌恶的，儿女要认真去除。基本上，如果父母所爱所恶是对的、正当的，儿女最好能力为具及谨而去。但事实上，父母所喜好的，有可能是错的或恶的，如果儿女还力为具，则是祸害父母；而父母所厌恶的，也有可能是对的或善的，如果儿女还谨为去，则会减少父母的利益。这些，都与孝道相违背。儿女如果遇到这些状况，应该与父母多作沟通，并努力劝谏父母，更不可助纣为虐。

更进一步做到勿贻亲羞，《弟子规》还强调，身体有伤病，会使父母忧愁和伤心；品德有损伤，会使父母感到羞耻。这两项，不只是为了父母，更是为了自己，儿女应该努力做好。因此，每个人都应该努力实践养生之道，例如饮食有节制、早睡早起、生活有规律、常做运动、做好疾病预防、有病速就医及注意身体安全等，以此常保身强体健、精神旺盛、活力充沛及身心健康。而在品德方面，则要树立积极正面的人生观，随时保持积极、正面、乐观、进取、向上的思想、心态和做法，不断培养高尚的人品和道德，随时注意远离便佞邪恶诸事。

如何劝谏父母？

父母由于学识、品德、修养等的不足，常会有一些缺点，也免不了发生一些错误和过失，除了祸害自己而外，也可能使家人、家庭和社会受害。为了父母的利益与家庭的和谐兴旺，以及社会的健全发展，儿女要努力劝谏父母，切勿盲从，这才是真正尽孝。《弟子规》中对于劝谏父母的部分，共3则，内容如下：

"亲爱我，孝何难。亲恶我，孝方贤。亲有过，谏使更；怡吾色，柔吾声；谏不入，悦复谏；号泣随，挞无怨。"

《弟子规》认为，如果父母爱我，尽孝有什么困难；如果父母讨厌我，若还能坚持尽孝，更可显示自己的贤良。一般说来，父母大都疼爱子女，而且常是无条件的疼爱，甚至不求儿女回报。父母含辛茹苦，抚养教育儿女成人。儿女基于亲情，也大多会感恩图报敬爱父母。反之，如果儿女对父母不尽孝道，确实有亏天道和人道，将为亲友和社会所不齿。由于某些特别原因，也有可能发生父母讨厌儿女之事。在中国古代，有些后母对非亲生儿女就常如此。遇到这种情况，儿女如果能够针对原因努力去化解、沟通及改善，仍然尽心尽力善尽孝道，久而久之，应该会感动父母，至少无愧于天地。

对于父母的过失和错误，《弟子规》主张要劝谏，促使父母更正改进。在劝谏时，要有耐心，脸色要平和怡然，声音要柔和委婉。如果父母还不接受，甚至以哭泣感动父母。若是惹父母生气而被责打，也不要心生怨恨。父母是否有过错，有些颇显而易见。经儿女提醒或劝谏，父母应该感谢儿女，尽速补救及改正，切忌因面子问题，百般推托坚持不认错。当然，儿女在劝谏时，也要尽量顾全父母的面子，这样父母应该比较会接受。

父母是否真的有过错，有些是见仁见智见解不同，有些可能是父母有难言之隐。若是如此，父母儿女间应该多作沟通，努力取得共识。如果父母坚持不改，儿女经一再劝谏无效，只好尊重父母的决定。如果万一父母因其决定而发生损害，儿女还是要设法处理、补救及承担。儿女劝谏父母，或彼此互相争辩，儿女的口气要好，态度要有礼貌，最好不要大声争吵。父母经劝谏还是不听，有时候换个时间或方式，或找人来帮忙，也许比较有效。对于儿女的劝谏，父母无论是否接受，都要感谢儿女，切勿乱发脾气甚至责打儿女。儿女万一因劝谏而被父母责骂或挞打，看在养育儿女辛苦的份上，也不必因此记恨，仍然要对父母尽孝。

如何尽心事亲？

父母年老体衰，或因常生病，常需儿女帮助及服侍。尤其在患上严重的慢性病后，这种需求更为殷切。父母在过世后，也需要儿女送终，《弟子规》中尽心事亲的内容，共3则，内容如下：

"亲有疾，药先尝；昼夜侍，不离床。丧三年，常悲咽；居处变，酒肉绝。丧尽礼，祭尽诚；事死者，如事生。"

父母年老、体衰、生病与逝世，更需儿女善尽孝道。《弟子规》主张，父母生病，儿女要亲尝汤药，然后再给父母吃药。父母病情严重卧床，儿女要亲自服侍，不离开病床。这些主张，尤其是药先尝，已经不合时宜。但最主要的精神是要儿女在父母生病时，多多关怀、帮助及服侍，并安排及陪同父母就医。如果父母需要住院医疗，要适度安排陪侍事宜，最少也要常去探望及了解病情。假如父母患了严重的慢性病，需要长期照顾护理，儿女更要做适当安排，以及保持耐心和孝心，切勿变成"久病床前无孝子"。

生老病死，是人生必经的过程。中华文化基于儒家文化，非常注重对父母和祖先过世后的丧事和祭祀。《弟子规》对于父母过世，按照古代礼制，主张要守丧三年。在守丧期间，要常保悲伤甚至咽泣，要不食酒肉弃绝享乐。做丧事要尽礼制，祭祀时要诚心诚意。奉侍逝去的父母和祖先，要又敬又爱就像他们在世时一样。

儿女感念父母养育的辛苦和恩情，在父母过世时，儿女在悲伤之余，当然要尽心尽力办好丧事，让敬爱的父母庄严离去。丧事过后，心中要真正感念及敬爱父母，就要在本身、家庭及事业等方面越做越好，以告慰父母在天之灵。守丧三年，在现代社会确有困难。其实，守丧三年、一年、三个月或三天，其间长短只是形式，并不是太重要，常悲咽也非必要，更重要的是儿女在父母生前死后真诚的孝心及孝行。

孝道思考实践的关键要点

百善孝为先

1. 在中华文化中，非常强调百善孝为先，并由此而延伸出各种伦理道德的思想、规范、制度和行为。孝字的结构，在上者为老，儿女要尽心尽力敬爱奉侍父母；在下者为子，父母要全心全力慈爱养育儿女。孝是父母与儿女间双向互动的关系，双方都要尽心尽力做好以子承老和以老顾子。

2. 中华文化十分提倡孝道，认为孝道是所有优良伦理道德的初始和根本。运用爱与敬的精神，由于以孝道服侍双亲，对上级和领导就会移孝为忠；再由孝延伸而以悌对待兄长，就会移恭敬于长辈；又进而对家庭管理好，就会移治理之道应用于团体、社会和国家。

3. 儿女对父母善尽孝道，最基本的是要关怀、服侍和奉养父母。因此，在日常生活上，要问候帮助父母；对父母的健康，要关心和照顾；对家中事务，要分忧解劳；在父母年老时，要奉养父母。儿女尽孝时，最重要的是要尊敬父母，其次是不要轻侮父母，最差是能养而不敬。连供养都不做，则是连禽兽不如。

4. 儿女要进一步尽孝，就要努力做到让父母放心。除了最基本的要以爱敬尽心尽力且和颜悦色服侍奉养父母而外，还要进一步在做人做事方面，将本身、家庭、亲友、事业经营管理好，使父母非常放心；若再更进一步，则要对社会、国家、民族与世界做出更大的贡献，大慰亲心，且让父母以儿女为荣。

5. 父母有缺点或过错，儿女要尽心努力劝谏，否则父母的缺点或过错可能愈来愈严重，甚至演变成一发不可收拾，贻害父母本身、儿女、家庭和社会，变成人人受害，必将陷父母于不义，是极大的不孝。劝谏父母时，要婉约、耐心及坚持，但仍要尊敬父母。

6. 父母总希望自己的儿女比自己更加成功，更受人尊敬。儿女应深深体会父母的这些志向和苦心，不断努力学习和奉献，让自己能超越父母，让家庭更幸福更美满，在继承家业之后更扩大规模及提高水平，或创立更成功更美好的新事业。使父母以儿女为荣，是儿女善尽孝道更高的表现。

7. 尽心尽力奉养敬爱父母，不让父母担心，发扬光大正道，让父母引以为荣，是儿女应尽的孝道。作为父母，也要努力锻炼身体、修炼身心、做好事业、持续学习奉献、戒除不良习惯、避免犯错及有错必改，且时时处处以身作则，让儿女减少负担及心悦诚服，成为儿女学习的好榜样。这样，父母儿女双方就更能皆大欢喜地实践孝道。

《弟子规》中孝道的实践

1. 《弟子规》著于清朝，其中所述孝道和其他各方面的实践做法，许多至今仍然适用，可根据每个人和家庭的状况，分别加以实践。其中不符合现代思潮和现实的部分，则可运用爱与敬的精神，参考"四书"和其他中西思想的方法，结合《弟子规》的原则和精神，配合现代社会状况加以运用。

2. 《弟子规》中讲述孝道的实践，首先主张儿女要勤奉父母。其中最基本的是在生活上和教育上，双方应有密切良好的互动；对于父母的居家环境和生活，要尽量做到让父母舒适。勤奉父母更进一步的实践，就是在生活、为人、处事和事业上，要努力做到让父母放心。

3. 《弟子规》中孝道的实践，其次强调儿女的行为不要让父母感到难过或羞耻，也就是勿贻亲羞。因此，儿女切勿胡作非为，也不要窃占不属于自己的物品；儿女对于父母所喜好的或厌恶的，只要是正确的，都要尽力备齐或去除；儿女对于身体要尽量避免伤病，以免父母忧愁和伤心；对于品德切勿有损伤，以免父母感到羞耻。

4.《弟子规》中孝道的实践，再其次强调父母如果有缺点、错误或过失，儿女要努力劝谏。因此，如果儿女被父母厌恶，儿女要针对原因努力去化解、沟通及改善，但仍要善尽孝道；对父母加以劝谏，要态度婉约有耐心及顾全父母面子；如果不被接受甚至被父母责骂，也不必记恨，仍要对父母尽孝。

5.《弟子规》中孝道的实践，最后强调儿女要尽心事亲，尤其是父母年老、体衰、生病或逝世时，需求更为殷切。对于这些，儿女都要尽心做适当的安排，以及保持耐心和孝心。在父母逝世后，儿女就要在本身、家庭及事业等方面越做越好，以告慰父母在天之灵。

孝道案例分析

案例一：孝子黄香扇枕温衾

一、案例

黄香是东汉江夏安陆人，九岁时母亲过世，与父亲相依为命，对父亲非常孝顺。父亲的身体不好，黄香为了让父亲能更舒适入眠，得到充分休息，在酷夏天热时就先拿扇子扇凉床褥枕席，在严冬寒冷时就先用身体温暖被窝，然后再请父亲上床睡觉。黄香自幼即如此孝顺，邻里大众都赞叹不已，成为大家学习的榜样。

黄香除了以孝顺著称而外，还非常认真用功读书，博通经典，文采飞扬。当地的官员对于黄香的孝行非常感动，也很欣赏他的学问，就按照当时国家的制度，推举他为"孝廉"当官。黄香当官非常勤政爱民，在汉安帝（公元107—125年）时担任魏郡（在今河北）太守时，当地遭受水灾，黄香还尽其所有赈济灾民。对于黄香的孝行和官道，大家都非常称赞和佩服，当时在京师还广泛流传："江夏黄香，天下无双。"黄香扇枕温衾的孝行，也被列入中国的二十四孝之一，流传千余年至今。

二、案例分析

中华文化绵延数千年，在品德方面非常强调"百善孝为先"，认为孝道是所有优良伦理道德的起点和根本。由孝道延伸，就会夫妻恩爱婚姻幸福，兄弟姐妹和睦相处，对同事朋友有情有义，对长辈尊重礼敬，对事业尽忠职守，做事认真负责。孝道如此重要，因此历代各朝都极力推广孝道，除了家庭和学校非常注重教导培育外，政府也极力拔擢孝子为官，例如汉代开设"举孝科"，唐代设"孝悌力田科"，清代设"孝廉方正科"。为了提倡孝道，数千年来孝子典范的故事，还被编成《二十四孝》一书，作为大家学习的榜样。

孝子黄香扇枕温衾的故事，是二十四孝之一。在二十四孝中其他孝子的故事，例如舜帝在年轻时受父亲、继母和异母弟迫害但仍十分孝顺而感动上天，汉文帝刘恒侍奉母亲亲尝汤药，孔子的学生闵子骞受继母虐待反而为继母向父亲求情不要休妻，三国时期吴国陆绩在孩童时怀藏橘子孝敬母亲，以及宋代朱寿昌弃官寻找生母等，都非常令人感动。这些孝子典范的各种孝行，虽然未必能够适合大家遵照施行，但却充满了孝道"爱"与"敬"精神的启示。大家只要秉持这种精神，努力善尽孝道，并延伸到其他的美德，必可使自己成为品德高尚的人。

孝道有三个层次，最基本的是要以爱与敬的精神，诚心关怀、服侍和奉养父母亲；进一步的层次，就要在做人做事方面，将本身、家庭、亲友和事业经营管理好，使父母非常放心；再更进一步的层次，就要发扬光大本身和父母贡献社会的志向和理想，对社会大众和国家、世界创造最大的福祉，使父母以儿女为荣。黄香的孝行，大致已经包含上述孝道的三个层次，值得大家参照领会，努力做好自己的孝道。

孝字的构成，在上者为老，在下者为子，是父母与儿女间双向互动的关系。儿女以子承老，就要尽心尽力奉侍父母；父母以老顾子，就要全心全力慈爱教育儿女。在双向互动的孝道中，父母如果也能努力锻炼身体、修炼身心、做好事业、戒除不良习惯、有错必改，以及时时以身作则，如此应可让儿女更加放心及心悦诚服，更以父母为荣。孝道并非只是要求儿女对父母尽孝，父母本身也要努力做到让儿女易于和乐于尽孝，这样才更好。

案例二：老太太状告子女不尽孝道

一、案例

在江苏省东台市，一位96岁有八个子女的老太太，到法院控告八个子女不奉养及遗弃母亲。老太太近年长期卧病在床，众子女对母亲的赡养和照顾相互推诿，甚至达到不闻不问的地步。众子女都已年过半百，也有儿有女，却如此对待患病的老母亲。老太太不得已，只好提出控告。

法官经过详细的了解和耐心的调解，老人和子女最终自愿达成和解协议，由八个子女按顺序轮流将母亲接到家中赡养和照顾，其间自一个月至三个月不等。在此期间母亲生病所需的治疗和护理费用，也由轮流到的子女负担。这个案子传开以后，许多人都议论纷纷，对这八个子女不赡养照顾母亲的行为，非常不以为然。

二、案例分析

儿女关爱、服侍和奉养父母亲，是最基本的孝道。当父母身体健康且有收入时，子女尽孝比较容易。当父母年老退休没有收入和积蓄而需要子女赡养时，子女尽孝也不困难。但当父母年老多病需要长期照护时，子女要尽孝可能不容易。俗话说，久病床前无孝子，是一种常见的现象。为了使子女更容易尽孝，父母在退休前最好能够备好养老用的储蓄，还要努力锻炼身体、预防疾病及有病早就医，尽力确保身体健康。父母如果能够做到年老还能自我照顾或只需家人很少照顾，又能有财力自理生活甚至资助子孙，对于孝道应该更能皆大欢喜。

案例中的老太太已经96岁又长年卧病，非常需要赡养和照护，八个子女到最后互相推诿，甚至不闻不问，当然让人感到十分愤慨。子女长期照护年长患病的父母，确实相当辛苦，也非常不容易，这时更能显现子女的孝心。如果不讲论孝道，这样做也是子女应尽的责任和义务。这八个子女如此对待母亲，他们的子女看在眼里，应该也会产生反感，减少对父母的尊敬；如果没有反感或认为应该如此，将来父母年老多病时，儿女可能也会以相同的方式对待。百善孝为先，不孝是百恶之首。积善之家有余庆，积恶之家有余殃，每一位父母最好诚心诚意孝顺其父母公婆，形成优良家风而有余庆。

在家庭中，兄弟姐妹常因争宠和争财等原因产生一些计较和恩怨。儿女长大之后，对于赡养和照护年老多病父母的重担，更常互相计较。在中国社会传统中，常见婆婆与儿媳互有不和或交恶的现象，而因为妯娌间互相计较或交恶导致兄弟不合的现象也颇常见。一般而言，兄弟间虽然互相计较但仍会有孝心，至少不会弃年老病弱父母于不顾。案例中所发生的现象，或有可能是上述各种原因综合后发生的结果。在家庭中，这些计较、不和或交恶的现象，都应该积极避免或化解，就算存在也不能推卸对年老多病父母的赡养与照护的责任。

对于年老多病父母的赡养和照护，兄弟姐妹间互相协调轮流照顾，不失为一种可行的办法。其实，兄弟姐妹间的经济情况和家庭状况有优有劣，基于孝道和兄弟姐妹间的悌德，情况较好者最好主动承担主要的责任，由其他兄弟姐妹作为辅助，对父母做出最适当的安排，使父母能在晚年安心舒适，在儿女的孝顺中终老。如果大家仍然决定采取轮流的做法，当轮到自己时，务必诚心诚意善尽孝道，切不可只是尽义务和责任而已。

二说悌 为人技 德在意

在中华文化中，对于父母子女主张要力行孝道，对于兄弟姐妹及配偶、亲戚、朋友、尊长、晚辈则提倡要推动悌德。悌德的实践，最主要的精神是互相爱敬与和睦。也就是要以感恩惜福之心，彼此分工合作紧密团结，共创个人、家庭和团体最大的利益、价值、幸福和美满。

四海之内皆兄弟，彼此要互相敬重、礼让、支持、合作和帮助。弟妹晚辈要尊重兄姐尊长，并为其分忧解劳；兄姐尊长要爱护照顾弟妹晚辈，并提携后进。彼此间除了尊敬关爱之外，还要做好诚信和好礼，将实现团体的利益和目标摆在首位，将个人的困难和利益摆在末位。

在《弟子规》中，对于如何实践悌德的做法，列出13则，包括兄弟和睦和尊敬尊长上级两个部分。兄弟和睦，最主要是要兄友弟恭，彼此不要过于计较。尊长上级和晚辈部属之间，彼此要相敬相爱相互提携，以及分工合作相互扶持，共创成功事业和美满人生。

悌德是什么？

在每个人的一生中，血缘关系最亲密的是父母子女，其次是兄弟姐妹。其他的血缘或非血缘关系，最主要的是夫妻、亲戚、朋友、同事，等等，包括长辈、平辈、晚辈。在中华文化中，对于父母子女主张孝道，对于兄弟姐妹和其他关系则提倡悌德，而且常常孝悌并称，并认为孝悌是一切伦理道德的根本。

在中华文化中，普遍认为，基于对内父母子女互爱互敬的孝道，对外就会延伸而为忠，也就是对君上对他人忠心耿耿，对事尽心尽力认真负责。除此而外，孝道延伸到兄弟姐妹，自然而然就会产生悌德，也就是兄弟姐妹相亲相爱及相互敬重。将悌德再加以扩大，就会延伸而为善待配偶亲友、恭敬尊长及爱护晚辈。所以，《孝经》主张，教导孝道，大家就会敬重全世界作为父母的人；教导悌德大家就会敬重全世界作为兄长的人；教导臣道，大家就会敬重全世界作为君上的人。（原文："教以孝，所以敬天下之为人父者也；教以悌，所以敬天下之为人兄者也；教以臣，所以敬天下之为人君者也。"）

悌德的实践，最主要的精神是互相爱敬与和睦。也就是要以感恩惜福之心，彼此团结互助，共创个人、家庭和团体最大的利益、价值、幸福和美满。因此，就兄弟姐妹而言，弟妹要尊敬兄姐，兄姐要爱护弟妹，共创和谐繁荣的家族；就夫妻而言，彼此要相亲相爱及互相忍让，共同为家庭的和谐兴旺而努力；就朋友、同事而言，要互相敬重、礼让、支持、合作和帮助，共同成就成功美满的人生和事业；就长辈、晚辈及上级、下级而言，晚辈、下级要尊重崇敬长辈、上级，并为其分忧解劳，长辈、上级要爱护照顾晚辈、下级，并提携后进，彼此互相密切支援、协助及合作。

《孝经》的内容，主要是讲述父母子女间的孝道。但因兄弟姐妹间的关系非常密切，所以在《孝经》中，也相当强调悌德。《孝经》认为，除了"教以悌，所以敬天下之为人兄者也"如前所述而外，教以悌德还会移恭敬于长辈。（原文："事兄悌，故顺可移于长。"）由于孝和悌如此重要，因此《孝经》还认为，如果孝道和悌德都能做到极致，就会通达一切如有神助，光明照耀世界，没有什么不通顺畅达的。（原文："孝悌之至，通于神明，光于四海，无所不通。"）

如何兄友弟恭夫妻恩爱？

兄弟姐妹彼此实践悌德，兄姐年纪较长，要爱护照顾弟妹，甚至协助父母教导弟妹；弟妹年纪较幼，应该尊敬及感谢兄姐。如果从小到大，父母能以此教导及要求儿女，兄弟姐妹间也能努力做到这些，彼此的感情就会更加深厚。但兄弟姐妹之间，由于争夺父母的宠爱，也有可能互相产生矛盾或积怨。兄弟结婚后，由于妻子的抱怨或挑拨，也有可能使兄弟姐妹间的感情逐渐淡薄或恶化。父母过世后，如果彼此争夺遗产，甚至还可能对簿公堂，情况更为严重。在中国历史上，还有一些兄弟为争夺皇位而互相残杀之事，相当令人感叹。

家庭和家族的目标和利益，在于家人、家庭和家族的和谐、兴旺、成长和发展。所有家人应该为此共同努力。兄弟姐妹为同父母所生，彼此自然应该相亲相爱和紧密团结，共同构建幸福美满的家庭，使家庭和家族持续欣欣向荣。就算是同父异母或同母异父，看在同父或同母的情份上，也应该如此。所以，每人日常的所作所为，都应该要共同努力为家庭和家族创造最大的利益和价值。如果彼此意见、立场、困难和利益各有不同，应该要努力互相协调。对于利益的分配，彼此要互相忍让，不要太过于计较。《论语》记载，子路问孔子，怎样才可算作士呢？孔子回答说，朋友之间彼此要互相敬重，兄弟之间彼此要融洽和睦。（原文："朋友切切偲偲，兄弟怡怡。"）

夫妻彼此由相爱而相亲，终于共同建立家庭，两人结合为一体，既是同林鸟，更是生命共同体。夫妻实践悌德，就要共同配合及努力，使家庭及家人更快乐、甜蜜、幸福及美满，抚养教育儿女成材，在相爱与扶持中白首偕老。但是，夫妻之间往往因思想、学识、见解、个性与利益等的不同，也常常会发生许多矛盾和争吵。尤其在金钱处理和儿女教育方面，更是如此。结婚日久，如果两人感情日渐淡薄，彼此不能互相忍让，又常常互相计较，甚至与他人发生婚外情，则佳偶可能变成怨偶，也有可能以离婚收场。这种情况，在现代社会越来越严重。孔子在《论语》中说："小不忍，则乱大谋。"为了家庭和谐兴旺的大谋，夫妻间和兄弟姐妹间，实在应该多多互相忍耐和礼让。

家人共同组建及经营家庭，最重要的是要相亲相爱和分工合作，努力增进家庭的和谐、兴旺和幸福。每一个家人，尤其是夫妻，都应该以此作为目标，诚心诚意全心全力努力达成。家人间彼此的立场、问题、困难和利益，要努力相互协调互相忍让。夫妻或兄弟姐妹失和，甚至相处如寇仇，常使父母非常烦恼和伤心，就是一种不孝的表现。如果彼此一直都能相亲相爱及相处和睦，父母就会感到非常欣喜和安慰，其他家人也会感到十分安心和快乐，这是一种非常重要的孝道。在《诗经》一书中，有一段诗句："妻子好合，如鼓琴瑟。兄弟既翕，和乐且耽，宜室宜家，乐尔妻孥。"意思是说，夫妻感情和睦，像弹奏琴瑟一样和谐美妙。兄弟感情投合，其乐融融。使你的家庭和顺得宜，使你的妻子儿女快乐幸福。对于这一段诗句的内容，《中庸》记载，孔子赞叹说，这样，他的父母一定很顺心快乐吧。（原文："子曰：父母其顺矣乎。"）

如何善待朋友同事？

在社会中，除了父母、兄弟姐妹和各类亲戚外，每个人最亲近的人应该是朋友，包括同学、同事和其他方面的朋友。这些朋友，关系密切及感情深厚的，常常比兄弟姐妹还亲，有些还号称铁杆子弟兄（姐妹），甚至还互相结拜为异性兄弟姐妹。其中，在中国历史上最著名的就是三国时期的刘备、关羽、张飞，号称桃园三结义。运用悌德结交朋友，最主要的还是要发挥爱与敬的精神。《论语》记载，孔子的学生司马牛很忧愁地说，别人都有兄弟，只有我没有。子夏听了就说，一个君子做到让人尊敬而没有过失，而且对人恭敬有礼。这样，天下的人都会成为兄弟，君子何必忧患没有兄弟呢？（原文："子夏曰：君子敬而无失，与人恭而有礼，四海之内皆兄弟也。君子何患乎无兄弟也。"）

每个人结交朋友，最好能结交对自己有益的朋友，不要结交对自己有害的朋友。朋友的交情是互动的，同样的道理，自己也要成为朋友的益友，而非损友。在《论语》中，孔子说，有三种有益的朋友，有三种有害的朋友。交到正直的朋友，交到诚信的朋友，交到见闻广博的朋友，那是有益的。交到习于做表面工夫而不正直的朋友，交到善于奉承谄媚的朋友，交到花言巧语好走歪路的朋友，那是有害的。（原文："孔子曰：益者三友，损者三友。友直，友谅，友多闻，益矣。友便辟，友善柔，友便佞，损矣。"）

与朋友交往的悌德，子夏在《论语》中还主张，彼此要能诚信不欺。（原文："与朋友交，言而有信。"）而曾子也说，我每天反省自己三件事，为人做事有没有尽心，交朋友有没有诚信，对于学业有没有认真学习及实践。（原文："曾子曰：吾日三省吾身，为人谋而不忠乎？与朋友交而不信乎？传，不习乎？"）与朋友以诚信交往，如果遇到朋友有不对的地方，就要加以劝谏。《论语》记载，子贡问孔子交友的道理，孔子说，朋友有不对的地方，要尽心委婉劝谏。如果他不听，也就算了，不要自取其辱。（原文："子贡问友。子曰：

忠告而善道之。不可，则止；勿自辱焉。"）

朋友之间的悌德，除了爱敬和诚信之外，最好还要互相合作与扶持，也就是要在人生和事业中彼此互相鼓励、支持、支援和帮助。在彼此的合作与扶持中，使人生更美满，事业更成功。双方如果有金钱来往，彼此一定要有信用，欠钱或借钱之后要准时偿还，否则友谊非常容易受损。对于朋友或同事的支援和帮助，要多感谢及感恩，如此朋友将会在以后更乐于相助。反之，如果帮助朋友，不要太计较对方的感谢及回报，如果有当然很好，如果没有也不必太失望。上述朋友之间的悌德，对于工作上的同事也十分适用。除此而外，同事之间更要密切分工合作，将实现团体的目标和利益摆在第一位，单位的立场、困难和利益摆在第二位，个人的困难和利益摆在第三位，彼此取得最佳的协调和安排。这样，团体的目标和利益才能顺利达成，同事间的相处也才会更加愉快。

如何尊敬长辈善待晚辈？

在现代社会中，人际关系愈来愈密切及复杂，其中最主要的是长辈与晚辈，包括亲友间及上下级间。一般说来，长辈及上级拥有较多的知识、经验、资源、权力和人际关系，晚辈或下级如果能以谦虚尊敬的心态和做法对待，长辈或上级应该比较乐于相助或提携。反之，有可能会受到一些或明或暗的打压或破坏。同样的道理，长辈或上级如果对晚辈或下级能多多关爱、鼓励、支持、帮助和提携，应该会得到更多的尊敬与爱戴。所以，这些上下间的悌德，最重要的是下对上要尊敬，上对下要关爱，无论在礼貌、礼仪、态度、心态、思想和行为上，都最好如此。

在上下彼此的悌德中，除了尊敬和关爱外，彼此互相有信用也非常重要。彼此严守信用，才能互相信赖及放心相待，在紧密亲近的感情中，共同处理及完成相关的事务。在《论语》中，孔子强调，一个人如果言行没有信用，实在不知道他怎么可以为人处世。没有信用，就像车子没有輗軏的控制和连结系统，怎么能行走得通呢？（原文："子曰：人而无信，不知其可也。大车无輗，小车无軏，其何以行之哉？"）

在上下间的悌德，彼此来往还要合乎礼。这样，彼此间的来往才能正常化、合理化和永续化。礼是古代法令、规章、制度、规范、伦理、道德的总称，不仅仅是礼貌和礼仪而已。在《孝经》中，孔子主张，教导人民相亲相爱，用孝最好；敬导人民守礼和顺，用悌最好；转变风气改变风俗，用乐最好；使君上安心及治理好人民，用礼最好。要做好礼，最主要就是敬。（原文："子曰：教民亲爱，莫善于孝。教民礼顺，莫善于悌。移风易俗，莫善于乐。安上治民，莫善于礼。礼者，敬而已矣。"）

孝道和悌德，两者的基本精神都是爱与敬，是为人处世最基本的美德。基于亲情自然的感情，也为了个人、家庭和社会的成长与发展，人人都应该认真努力实践。《大学》认为，在家孝顺父母，就能事奉君上；在家善事兄长，就能事奉长上；在家慈爱子女，就能善于使用属下和民众。（原文："孝者，所以事君也；弟者，所以事长也；慈者，所以使众也。"）对于孝道和悌德的实践，《大学》则主张，做君上的人，要做到爱护人民；做臣下的人，要做到尊敬君上；做儿女的人，要做到孝敬父母；做父母的人，要做到慈爱儿女；与其他的国人交往，要做到诚信。（原文："为人君，止于仁；为人臣，止于敬；为人子，止于孝；为人父，止于慈；与国人交，止于信。"）四海之内皆兄弟姐妹，如果能以兄弟姐妹间的悌德善待其他亲友同事，必能使个人和团体不断成长发展，共创和谐、健康和繁荣。

《弟子规》中悌德的实践

如何才能兄弟和睦？

在家庭中，父母子女间要善尽孝道，在兄弟姐妹间则要善用悌德。这样，才能使家人在快乐幸福中健康成长，使家庭在和谐美满中健全发展。《弟子规》中，关于悌德的实践，共13则，可分为兄弟和睦和尊敬尊长上级两个部分。其中兄弟和睦部分，共3则，内容如下：

"兄道友，弟道恭；兄弟睦，孝在中。财物轻，怨何生。言语忍，忿自泯。"

这些内容，首先讲到兄弟相处之道，主要在于兄友弟恭。一般说来，兄长年纪较长，体力较好，能力较佳，学识经验较为丰富，应该要尽力爱护、帮助、教导弟弟，尤其在弟弟未成年前更应该如此。弟弟年纪较小，对于兄长的爱护和教导要感谢，对兄长要尊敬。兄弟在一起读书、玩乐或做事，要互相勉励、教导和规劝。面对外界的压力和挑战，要齐心协力、团结一致，共同妥善处理及解决困难。兄弟成年以后，由于智力、教育、机缘等各种因素，兄长未必会比弟弟杰出。如果弟弟比兄长卓越，基于兄弟间的悌德，弟弟就应该反过来爱护及帮助兄长，不可执着于年龄的长幼。这些兄弟间的悌德，同样也适用于姐妹之间。

兄弟姐妹同属一个家庭，常有财物相争的问题。在小时，互相争夺食物和玩具，长大后互相争夺钱财及财产。父母逝世后，遗产的争夺更为严重，彼此间常常为此激烈争吵，甚至互相斗殴或打官司。这些情况，对于兄弟姐妹间的感情伤害很大，要极力避免。这些问题的根源，主要在于互相过度计较。就财物而言，既是一起长大的兄弟姐妹，基于家庭或家族的亲情，彼此应该互相帮助及礼让，吃点亏也还是肥水不流外人田，何必太过计较，尤其是优势或强势的一方更应如此。这样，彼此的抱怨或怨恨就不会产生或大大减少，兄弟姐妹间的感情也会越来越融洽浓厚。

兄弟姐妹之间相处十分密切，还常常生活在一起，免不了会因各种原因而发生一些矛盾和冲突。其中，言语上的争辩和争吵更是十分常见。如果争吵过于激烈，甚至会因怒气冲天而互相殴打，长大后还常常互相打官司。兄弟互相争辩，有时确实免不了，但在争辩时，言语要平和有礼，切不可情绪化，要尽量以冷静、理性、客观的态度，互相做有效的沟通。如果遇到对方情绪化或不讲理，要多多忍耐及化解，不要回嘴或争吵，以免情势越演越烈。最好暂停争辩，或择时择地再谈，或找第三者参与协调。这样，彼此的愤怒应该可大为减少。兄弟姐妹能保持兄（姐）友弟（妹）恭，又能不互相争夺财物，对彼此的言行也能互相忍让，彼此就能和睦相处其乐融融。这样，父母就会感到很高兴和安慰，孝道就在其中了。

如何尊敬尊长上级？

悌德在家庭中，实践于兄弟姐妹之间。自家庭向外延伸扩张，悌德应实践于亲戚、朋友与同事之间，包括长辈、平辈、晚辈，以及上级、平级与下级。其中，如何尊敬尊长上级非常重要。关于这一点，《弟子规》相关的内容，共10则，内容如下：

"或饮食，或坐走，长者先，幼者后。长呼人，即代叫，人不在，己即到。称尊长，勿呼名。对尊长，勿见能。路遇长，疾趋揖；长无言，退恭立。骑下马，乘下车；过犹待，百步余。长者立，幼勿坐；长者坐，命乃坐。尊长前，声要低；低不闻，却非宜。进必趋，退必迟；问起时，视勿移。事诸父，如事父；事诸兄，如事兄。"

《弟子规》认为，晚辈和下级尊敬尊长和上级，要表现在生活和工作中的各个层面。在饮食、起居和出行时，要礼让长者优先。长者要呼唤他人时，应即代叫；如果他人不在，自己就要赶快到长者跟前。称呼尊长，不可直呼其名，应冠以辈分或职务的名称。在尊长面前，不要自炫其能。在路上遇到尊长，要快速上前打招呼或行礼。长者如果不说话，要退在一旁恭敬站立。如果在骑马或乘车时遇到尊长，要下马或下车，等尊长走过百余步后才再骑马或乘车。当尊长站立时，切勿擅自坐下，等尊长坐下并招呼才坐下。在尊长面前，讲话的声音要放低，但不可低到让尊长听不清楚。拜见尊长时，进去要快速，退出要缓慢。尊长问话及在回答时，眼睛要注视尊长，眼光不可飘移不定。对待诸位父辈，要像对待父亲一样；对待诸位兄辈，要像对待亲兄一样。

对于如何尊敬尊长上级，《弟子规》所说的这些内容，主要偏重在礼貌和礼仪上，大部分仍可适用于现代社会，其中一部分可按现代社会状况加以修正应用。对于尊长上级，最主要是要以敬爱的精神加以善待。除了在外在的礼貌和礼仪之外，在内在的实质方面更应该如此。因此，在为尊长上级提供服务、与其共事、陪同出席时，都应该全心全意尽心尽力，为尊长上级分忧解劳。对于尊长上级关心和负责的事务，要主动努力贡献智慧、筹谋划策、彻底执行、认真负责，创造最佳绩效。与他人相处，要充分协调分工合作，不要与他人发生冲突或斗争，以免尊长上级担心或烦心。当尊长上级发生错误或过失时，要委婉私下规劝。如果做事绩效卓越，要归功于尊长上级的指导、帮助及领导。

尊长上级要让晚辈下属更加尊敬，尊长上级本身也要力求表现和以身作则。除了礼貌和礼仪方面而外，在其他实质方面也应该表现长者之风。因此，平常就要多关心晚辈下属的个人、家庭、事业等方面，主动提供必要的帮助。对于晚辈下属的工作，要加以训练、指导和监督，并协助其解决问题和困难。晚辈下属与他人发生矛盾或冲突，要多予以开导、化解和消除。晚辈下属有过错，要加以指导和纠正，及协助处理损害。如果有功劳，要尽量归功于晚辈下属，而非抢功劳；如果有责任，要视情况主动为晚辈下属负责，而非推诿责任。晚辈下属尊敬爱戴尊长上级，尊长上级爱护提携晚辈下属，在彼此的相敬相爱和扶持提携中，相信个人和团体必都能更加成功、幸福和美满。

悌德思考实践的关键要点

四海之内皆兄弟

1. 在中华文化中，对于父母子女主张孝道，对于兄弟姐妹和夫妻、亲戚、朋友、同事等则提倡悌德，并认为孝悌是一切伦理道德的根本。悌德的实践，最主要的精神是互相爱敬与和睦，彼此团结互助，共创个人、家庭和团体最大的利益、价值、幸福和美满。

2. 家人共同组建及经营家庭和家族，最重要的是要相亲相爱和分工合作，努力增进家庭和家族的和谐、兴旺和幸福。所有家庭和家族成员，尤其是夫妻和兄弟姐妹，都应该以此作为目标诚心诚意全心全意努力达成。家人间彼此的立场、问题、困难和利益，要努力相互协调互相忍让。

3. 在社会中，除了家人和亲戚之外，最亲近的人应该是朋友，包括同学、同事和其他方面的朋友。结交朋友，要多交益友远离损友。朋友之间的悌德，除了爱敬和诚信之外，最好还要互相合作与扶持，彼此互相鼓励、支持、支援和帮助，共创成功美满的人生和事业。

4. 在现代社会中，长辈晚辈及上级下级彼此间的关系，愈来愈密切。在上下彼此的悌德中，互相的尊敬、关爱和信用非常重要。彼此的来往，还要合乎礼，包括法令、规章、制度、规范、伦理、道德等。四海之内皆兄弟姐妹，彼此要互相善待，共创个人和团队的和谐、健康和繁荣。

《弟子规》中悌德的实践

1. 《弟子规》中讲述悌德的实践,首先主张兄弟姐妹相处要兄(姐)友弟(妹)恭,兄姐要尽力爱护、帮助、教导弟妹,弟妹要感谢和尊敬兄姐,彼此要互相勉励、教导和忍让,齐心团结共同面对外界的压力和挑战。兄弟姐妹之间彼此能和睦相处其乐融融,父母就会感到很高兴和安慰,这也是孝道重要的表现。

2. 悌德实践于家庭之外的亲戚、朋友与同事之中,《弟子规》主张在生活和工作等各个层面,晚辈和下级都要尊敬及礼让尊长和上级。事实上,尊长上级若能力求表现和以身作则,以及爱护提携晚辈下级,则必能更受晚辈下级的尊敬与爱戴。大家彼此相敬相爱互相扶持,必能共创成功、幸福和美满。

悌德案例分析

案例一：泰伯为国让弟

一、案例

在中国几千年的历史中，清朝和以前的各朝代，都采取家族统治的分封制度。其中，春秋时期以前的周朝历史最悠久，绵延了八百多年，国运非常昌盛。周朝的姬姓家族，很早就树立了孝道、悌德和忠诚的家风，再配合建立王朝后的制礼作乐，对国家的建设奠定了良好的基础，成就了中国历史上最长久的朝代。

周朝自周武王灭掉商朝的纣王后开始建立。周武王的曾祖父古公亶父（后被追封为周太王）分封在领地拥有爵位，生有三个儿子，其中第三子季历生了儿子姬昌（后被追封为周文王）。姬昌出生时，古公亶父认为这一个孙子有帝王之相，将来可成为圣主。在古代，帝王之位依例由长子继承，姬昌的父亲为第三子，因此姬昌无法成为帝王。古公亶父的长子泰伯非常了解和体谅父亲想把王位传给季历再传给孙子姬昌的用心，基于对父亲的孝心，对兄弟的友爱，以及忠于国家人民的忠心，于是就和二弟仲雍相约以帮助父亲采药为理由，上山隐退不归。最后，古公亶父终于传位给季历，继而再传位给姬昌。在殷商时姬昌被封为西伯，建国于岐山之下，积善施仁，政化大行，诸侯归附，三分天下有其二。姬昌死后传位给儿子姬发，终于灭除暴虐的纣王，建立周朝，即帝位为周武王，开创了周朝盛世，而姬氏家族孝悌忠诚的家风也绵延不绝。

二、案例分析

人类生活的群居社会，最基本的单位是家庭。在家庭中，血缘关系最深的是父母子女，其次是兄弟姊妹。在中华文化中，在父母子女间主张孝道，在兄弟姊妹间提倡悌德，常常将孝悌并称，还认为孝悌是一切伦理道德的根本。将悌德加以扩大，就会延伸为善待配偶亲戚，敬爱朋友同事，恭敬尊长上级及爱护晚辈后辈。悌德和孝道一样，最重要的精神是互爱与互敬。因此，大家要彼此紧密团结分工合作，互相敬重、支持、合作、协助和礼让，以家庭和团体的和谐与兴旺为目标，共创个人、家庭和团体最大的利益、价值和幸福。

大部分人都有权位欲望，大权高位很难让人割舍，尤其是至高无上的王位或帝位。在历史上，为了争夺王位帝位而杀戮兄弟的事例屡见不鲜，例如春秋时期齐公子小白杀了兄弟公子纠后即位为齐桓公，唐朝李世民杀害了兄长即位为唐太宗。泰伯将本应继承的爵位相让给弟弟，与历史上的这些杀害兄弟事例相较，实在非常难能可贵。这一让，成全了父亲的心意尽了孝道，为了国家和人民表现了忠义，更发扬了对兄弟的友爱，表现了悌德，可说三德俱全。孔子对于泰伯和仲雍这种高贵的德行赞叹说是"德之至也"，意思是说发扬美德到了极点。

兄弟姊妹在成年前大多生活在一起，由于争夺父母的宠爱，或在家中争权夺利，难免产生一些矛盾和积怨。兄弟结婚后，由于各有家庭负担，互相计较更多，兄弟的感情常会逐渐淡薄甚至恶化。父母过世后，更常因争夺遗产导致兄弟交恶，甚至大打出手、对簿公堂。家庭和家族应以和谐、兴旺作为目标，兄弟姊妹的矛盾和内斗，对此目标伤害甚大。如果发生这些情况，兄弟姊妹间要尽量协调和化解，更不可受他人影响，仍要坚持努力展现悌德。在其中，最重要的悌德是不计较及多忍耐和退让。为了兄弟姊妹的血缘亲情，为了不让父母烦心和痛苦的孝心，更为了家庭和家族的和谐与兴旺，多忍耐和多退让一些给其他兄弟姊妹又何妨，尤其是本身及家庭条件较好者更应该如此。

除了亲兄弟姊妹外，一般人在社会上还会有更多的朋友和同事，更常生活和工作在一起，常会产生有如兄弟姊妹般的感情，有些甚至还结拜为异姓兄弟姊妹,其中在历史上最出名的是三国时期的刘备、关羽和张飞的桃园三结义。朋友和同事间的关系和感情,常常会比兄弟姊妹的还重要,务必要好好结交及经营。如何结交和经营的做法,孔子的学生子夏认为,做人做事能敬谨而没有过失,待人能恭谦有礼,全天下的人都会变成兄弟。这种做法,非常值得大家参照、学习及实践。现代许多独生子女非常需要多交朋友,遵照子夏的话来做会更好。

案例二:张良圯桥进履

一、案例

张良是汉朝的开国功臣,在年轻时就非常敬重长辈。有一天张良在下邳(今江苏睢宁北)的圯桥边散步,见到一位老者坐在桥边。老者见到张良后,故意把鞋子脱下来丢到桥下,要张良把鞋子捡回来。张良虽然有点生气,但因敬重长辈,乖乖地把鞋子捡回给老者,没想到老者又叫他帮忙把鞋子穿上,于是张良又恭恭敬敬地跪在地上为老者穿鞋。老者穿上鞋后扬长而去,走了不远又回来对张良说:"孺子可教也,五日后天明桥上见。"

五日后,张良按时来见老者,想不到老者已在桥上,老者很不高兴,要张良五日后再来。又过五天,张良更早去见老者,想不到老者又已在桥上,非常生气地要张良五日后再来。第三次张良半夜就赶到桥上,没多久老者就来了,取出一本书送给张良说:"读了这本书可做帝王的老师,你辅佐的主人将来可称王天下。"张良拿书回家,一看是《太公兵法》,夜以继日潜心研究多年,掌握了许多用兵的韬略。后来遇到刘邦,辅助刘邦屡建战功,打败西楚霸王项羽,建立了汉朝。张良遇到老者时,不但能忍耐和谦卑受教,而且敬重长辈,所以能得到兵书,终于能够成就功业。

二、案例分析

在社会中,长辈或上级通常都会拥有较多的学识、经验、历练、资源、权力和人脉,晚辈或下级如果能以恭敬、谦虚和卑下的态度善待,长辈或上级应该比较乐于教导、指点、帮助和提携。反之,有可能不予理睬,甚至给予或明或暗的打压或破坏。除了这些态度而外,对于长辈和上级还要建立信用,以及待之以礼,这样更能得到信赖。然而在彼此互动时,如果长辈或上级能够对晚辈或下级多多关爱、照顾、鼓励和提携,就会得到对方更多的尊敬、爱戴和怀念。

张良在圯桥边所遇到的老者,后来他才知道是鼎鼎大名的黄石公。黄石公见张良器宇轩昂、仪表堂堂,不知其品行心性如何,故意以丢鞋纳履相试。张良因为敬重长者,对于长者的故意不以为意,还恭恭敬敬跪在地上为长者穿鞋,足见其开阔的心胸和良好的悌德,难怪黄石公说他孺子可教。后来黄石公约张良在桥上相见,张良两次执守信用依时相见,但因比黄石公晚到不合于礼而被训斥,张良不怪黄石公太早到反而调整改正自己,到第三次终于比黄石公早到而获赠宝贵的兵书,终能成就大业。作为晚辈,张良对长辈敬重、忍耐、谦虚和卑下的精神与做法,值得大家好好学习。

在工作中,几乎每个人都会有上级,最好也要好好以悌德善待。下级对待上级,首先必须将份内职责及上级交代的事情做好,不但要完成任务和达成目标,更要超越目标和不断革新,创造最佳的绩效。此外,最好还能主动提出增加收入、降低成本和提高效益的方案,经讨论后积极配合其他部门推动。对于其他部门,要主动分工合作,提供支持和合作,共同实现和提高整体的目标与利益。如果与其他部门在利益、立场和困难上有冲突,要努力协调化解,切勿争执不休,甚至发生内斗,让上级忧心。对于上级,除了积极负责如上所述之外,最好还要主动对上级提供知识和经验,勇敢而委婉地提出不同的意见,以及多做汇报和沟通,帮助上级做出最佳的决策。如果能够做好这些作为下级的悌德,相信大家都会成为上级最喜欢的下级。

在中华传统中,有关婆媳相处的悌德问题相当突出。男人是母亲的儿子和妻子的丈夫，母亲和妻子共同争夺同一个男人的关爱，常会产生许多矛盾和不愉快。如果孩子出生，祖母对孙子和母亲对儿子如何教养，也颇有意见和冲突。如果母亲和儿媳住在同一屋内，对于如何分担家务，以及习惯上、性格上和认知上的差异，也往往造成一些问题。婆媳和好相处，男人其乐融融，否则常常变成两面不是人。解决这些问题，最重要的是要建立正确的观念和心态。也就是说，婆婆要认为多了一个女儿，像爱女儿一样的爱儿媳；同样儿媳也要认为多了一位母亲，像爱生母一样地爱婆婆。彼此之间，要诚心诚意相敬相爱，时时为对方着想，事事不计较，处处尊重对方，努力为对方分忧解劳。如果意见不同，要以家庭的和谐和兴旺作为着眼点，努力互相沟通、协调、体谅和忍耐。如果实在无法住在一起，父母和儿女的住处最好不要相隔太远，以便就近往来和照顾。家庭的和谐和兴旺，对个人和社会都非常重要，大家都要努力共同创造幸福和美满。

三为谨 道行术 规在则

儒家认为，要实践仁道思想、君子之道和德政管理，就要严身谨行，以严谨、认真、负责、彻底、有节和有序的思想、心态与做法，运用在修持身心、日常生活、做人待人及处理事务方面。这样就可落实这些大道，进而通达天下。

每个人若要严身谨行通达天下，首先要严谨做好修身，不断提高自己的专业素质、人格素质和奉献能力，并与他人有效密切配合，然后次第做好齐家、治国、平天下，为自己、家人和大众创造最大的利益和价值。

在《弟子规》中，对于如何实践谨规的做法，共列出24则，包括生活严谨、仪态端庄和处事严谨三个部分：主要的重点是，日常生活要有规律节制，仪态举止要端庄从容，为人处事要严谨有序，好好珍惜、把握和善用时间，努力学习和奉献。

如何严谨做好修身？

儒家文化以仁道思想为核心，应用在为人处世方面，主张君子之道；应用在为政管理方面，主张德政管理。儒家同时还主张，在实践这些大道时，都要严身谨行认真落实，这样就可通达天下。因此，《君子道》和《弟子规》在提倡孝道和悌德之后，紧接着就提出谨规。也就是说，要以严谨、认真、负责、有节和有序的思想、心态和做法，运用在修持身心、日常生活、做人待人及处理事务方面，使自己更自信、快乐和成功，也使他人和团体获得更多的成就、利益和价值。

每一个人在世界上，要发挥生命的意义和价值，就要认真学习及努力奉献。透过学习，才能不断提高自己的人格素质、专业素质和奉献能力；透过奉献，才能发挥自己的能力，并与他人分工合作，共同创造个人和团体更多更好的绩效，以及在奉献中加深学习的体验和领悟。因此，孔子在《论语》中主张，君子要认真努力修身（修己以敬），然后还要使亲近的人安详快乐（修己以安人），以及更进一步使老百姓安心幸福（修己以安百姓）。对于如何修身的次第顺序，《大学》主张，每个人首先要研析穷究事物真理（格物），由此而扩大加深知识和智慧（致知），然后再诚挚自心所发的意念（诚意），再进而端正自己的良心（正心），从而修持好自己的身心（修身）。此外，《大学》还强调，每个人以学习做好修身，才能更有效地管理好家庭（齐家），然后再治理好国家（治国），而后再促进天下太平（平天下）。所以，从皇帝到老百姓，所有的人都要以修身作为根本。（原文："自天子以至于庶人，壹是皆以修身为本。"）

对于修身，最主要的是要不断提高自己的专业素质和人格素质。在专业素质方面，主要包括行业学识、管理学识、职务学识、领袖通识、组织领导和判断智慧等。在人格素质方面，主要包括修养风度、人格品德、伦理道德、胸襟肚量、理念心态和人生观等。这些，都要努力深入学习和实践，而且要不断与时俱进。孔子对于每一个人素质的提升，非常注重。孔子在《论语》中说，德行不努力修持，学业不努力学习，知道义行不能取以改进自己，有不善的缺失过错不能改进革除，这些是我所忧虑的事。（原文："子曰：德之不修，学之不讲，闻义不能徙，不善不能改，是吾忧也。"）所以，每个人都要活到老学到老，一生都要努力进德修业。

在中华文化传统中，普遍非常注重教育和学习，至圣先师孔子就是最好的榜样。在《论语》中，孔子评述自己说："说到圣与仁，那我怎么敢当；我只不过是努力不倦地去学习和实践，又不停止地去教导别人，这样说好像是可以的。"（原文："子曰：若圣与仁，则吾岂敢。抑为之不厌，诲人不倦，则可谓云尔已矣。"）对于学习和实践的方法，孔子主张勤学和思索并用。孔子在《论语》中说，勤求学问而不用心思考，那就会罔罔然茫茫然不能深入了解明白；只是徒然空想而不勤求学问，那就得不到明确真实的学问。（原文："子曰：学而不思则罔，思而不学则殆。"）而在学习和实践时，《中庸》则主张要广博地学习（博学之），详细地研究（审问之）、慎重地思考（慎思之），明白地辨别（明辨之），以及切实地力行（笃行之）。

如何严谨过好生活？

每个人天天都在过生活，或工作、或休闲、或娱乐。如果要好好过生活，首先就要有健康的身体、旺盛的精神和美好的心灵。而自幼到老，要永远保持健康的身心，日常生活就要严谨有规律。因此，在三餐方面，最好能饭吃七分饱，多吃青菜少吃肉，注重营养均衡。在睡眠方面，要早睡早起，在晚上11点以前要睡着，使影响健康至巨的造血和肝脏机能得到最好发挥。在运动方面，每天最少要半小时，其中以筋骨运动为主的道家动功较好，最好还要修炼静坐内功，达到身体健壮、精神旺盛、活力充沛、定力提高、潜力开发和智慧提升的效果。对于疾病，要注重预防及改善亚健康状态，得病要速就医。此外，还要努力常保心情愉悦、宁定、安详和超脱，透过心灵健康带动身体健康。身体是学习和奉献的本钱，能健康长寿才更能发挥生命的价值。

如何严谨过好生活，除了常保健康身心而外，还要努力提升外在形象和内在实质。在外在方面，无论是身体或穿着，都要保持整齐清洁。如果经济条件较好，较为高端美丽的衣着未尝不可，但昂贵奢华的穿着应无必要。在内在方面，就要努力培养及训练自己，要风度翩翩有礼，言语温文简约，待人接物进退有致，做事严正认真，时时处处表现出高尚的君子之风。对于每一个人，外在美很好，但内在美更重要，且更能持久。严谨过生活所表现的君子之风，孔子是可供学习的好榜样。在《论语》中描述，孔子待人温和而处事严正，威仪庄重而性情平易，外貌敬肃而心境安泰。（原文："子，温而厉，威而不猛，恭而安。"）

严谨过好生活，除了发挥内在美之外，对于居家和工作环境的整齐和清洁也十分重要。因此住家和办公室内外的环境，都要随时保持清洁。家具、器具和用品，要摆在固定的位置，用完即归位，不要随处乱摆而杂乱无章。衣物要先分类，各类分别整齐放在橱柜内，不要到处乱扔乱挂。对于长久闲置不用的衣物、家具和器具，要定时清理处置，不要越积越多。买来的东西就要用，没有用的东西不要买，很少用的东西最好不要买。各项文件要分类归档储存，以备随时取用，但过期无效的文件每年至少要清理一次。在数十年前，企业界兴起"5S"运动，即清洁、清扫、整理、整顿和教养，在家庭中也非常值得推行。保持环境整齐清洁，当能使身心更为舒畅愉快，做事也会更有效率。

通过不断的努力，每个人都希望由贫穷而小康而富裕，不断提高生活水平。当处于贫穷阶段时，切不可灰心丧气自暴自弃，要坦然面对贫穷而量入为出，保持做人做事的尊严和志气，同时力争上游改善贫穷的情况，千万不可随便乱来，或陷入"贫贱夫妻百事哀"的境况。《论语》记载，孔子在陈国时，断了粮食，跟随的弟子也都饿得走不动了。子路有点生气，见了孔子说，难道君子也会困穷到这种地步吗？孔子回答说，君子固然也会贫困但能坚守气节，而小人如果穷困，那就什么事都做得出来了。（原文："子曰：君子固穷，小人穷斯滥矣。"）经过不断的努力，终于脱离贫穷变成又富又贵。当处于富贵阶段时，改善及提高生活水平到适当高级的程度即可，千万不要变成浮华奢侈、花天酒地或骄奢淫逸，最好还能保持勤劳朴实、虚怀若谷和厚以待人的本色。在《孟子》一书中，孟子说，一个人如果能做到富贵时不骄奢淫逸，贫贱时不改变正道，面对威武逼迫不屈服，就是一位大丈夫。（原文："富贵不能淫，贫贱不能移，威武不能屈，此之谓大丈夫。"）

如何严谨待人？

儒家智慧主要着重在为人处世方面，主张以严谨的态度善待他人，在与他人和谐共处密切合作中，共创美好幸福的个人、家庭和社会。以严谨待人之道，儒家主张，首先要努力了解自己和他人，其次要推己及人。要了解他人，除了对他人力求明了之外，还要努力理解、谅解、宽恕和原谅他人。以推己及人对待他人，首先是不要将自己所不喜欢不愿意的事物，加诸到他人身上，也就是所谓"己所不欲，勿施于人"，孔子称此为恕道；其次更重要的是，自己想要建立的美好事物，也要帮助他人建立起来，自己要发达，也要帮助他人发达起来，也就是要"己欲立而立人，己欲达而达人"，孔子称此为仁道。

君子道

　　以恕道和仁道待人，主要的精神是互爱与互敬，共同为自己、他人和团体创造利益和价值，这样必能处处通达无碍。怎样才更能处处行得通，子张曾经向孔子请教。孔子回答说，一个人如果言语能够忠实诚信，行为能够笃实谨敬，即使是在蛮夷的地方，也能行得通。(《论语》："子张问行。子曰：言忠信，行笃敬，虽蛮貊之邦，行矣。")除此而外，孔子还以当时的郑国宰相子产作为榜样，认为子产的四种作为相当符合君子之道，因此将国家治理得很好。那就是，立身能恭敬谦虚，事君能严谨尊敬，养民能加惠慈爱，使民能正当合宜。(《论语》："子谓子产，有君子之道四焉，其行己也恭，其事上也敬，其养民也惠，其使民也义。")这四条治国的君子之道，用在个人相处、家庭管理和社会治理，必也能通达无碍。

　　人与人之间彼此相处和谐适当，除了感情而外，更重要的是还要以礼相待，也就是行为规范要合乎礼貌、礼仪、伦理、道德、规章和法令，这样才更能恰当及长久，也更能实践及推动仁道。《论语》记载，孔子的学生颜渊向孔子请教实践仁道的道理，孔子说："克己复礼为仁。"也就是说，要克制自己和循礼而行。颜渊又请教实践的细目，孔子说，不合乎礼的不看，不合乎礼的不听，不合乎礼的不说，不合乎礼的不做。(原文："子曰：非礼勿视，非礼勿听，非礼勿言，非礼勿动。")礼的作用如此重要，孔子在《论语》中还强调，做人和做事，恭敬而不合乎礼，结果会徒劳无功；谨慎而不合乎礼，往往因过分小心而坏事；勇敢而不合乎礼，往往会近于暴乱；率直而不合乎礼，就会显得粗鲁焦急。(原文："子曰：恭而无礼则劳，慎而无礼则葸，勇而无礼则乱，直而无礼则绞。")所以，孔子在《论语》中又说："上好礼，则民易使也。"意思是说，如果在上位的人喜好礼，在下位的人民便容易听令使用。人民如此，家人和同事又何尝不如此。

　　大家在一起相处，彼此非常容易互相受影响。为了个人和团体的成长和发展，彼此都应该团结一致，共同以学习和奉献互创利益和价值，切勿言行无义、浪费生命或同流合污。所以，孔子在《论语》中强调，君子以道义相交而不以利益相交（君子和而不同），小人则刚好相反。君子立身矜严而不和人相争，善与人协同合群而不结党营私。（原文："子曰：君子矜而不争，群而不党。"）在社会中彼此相处，彼此间的恩恩怨怨难免，应该如何处理？孔子在《论语》中认为，应该以正直的行为来报怨（以直报怨），用惠爱的行为来报德（以德报德）。如果能这样做，相信彼此才能维持真正良好健全的友谊，甚至化敌为友。

如何严谨处事？

儒家主张，每个人都要以修身为本，然后依序做好齐家、治国、平天下。要做好这些事，就要以仁道思想为本，以君子之道为体，以德政管理为用。以德政管理做好家国天下的经营管理，在推动和实践策略、计划、制度、组织和领导时，各级领导一方面要以优良的道德来领导大家并以身作则，一方面也要训练、培养和提高大家的道德。如果能这样，孔子在《论语》中说，各级领导以道德原则治理国家，就会像北极星一样，处在一定的位置而众星都环绕着它运行。（原文："子曰：为政以德，譬如北辰，居其所而众星拱之。"）如何为政以德，孔子认为，政就是正，如果能以正道来推动经营管理，谁还敢不正呢？（《论语》："政者，正也。子帅以正，孰敢不正。"）而所谓正道，主要就是要忠心诚信（主忠信），推动义行（徙义）和崇尚道德（崇德）。

以严谨的态度和做法处事，就要对事认真负责，努力完成任务、达成目标和超越目标，并且要不断革新和创新。孔子对此非常重视，主张要人民行善，就要先做给人民看（先之）；为人民做事，必须不避勤劳（劳之），而且要不倦怠（无倦）；居官不可懈怠（居之无倦），行事必须忠诚（行之以忠）。孔子还以治理国家为例，主张要敬谨行事而对人民有信用，节省自己的用度而尽力爱护人民，役使人民要在适当的时候。（《论语》："子曰：道千乘之国，敬事而信，节用而爱人，使民以时。"）除此而外，《论语》还主张，心胸广阔才能得到众人的拥戴（宽则得众），有信用才能使人民愿意为国服务（信则民任焉），聪明勤劳做事就能创造绩效和功劳（敏则有功），公正无私地为大众创造利益则大家都会心悦诚服（公则说）。治理国家如此，管理家庭，与亲友同事相处，又何尝不然。

严谨处事，除了本身认真努力之外，还要善于运用他人，共同创造更多的绩效和利益。《论语》记载，舜帝有贤臣五人，周武王有能臣十人，而天下大治。孔子对此一现象，非常感慨地评论说，得到好人才真不容易，难道不是吗？（原文："子曰：才难，不其然乎？"）如何用人，孔子认为，要先管理好属下各级主管事务的人（举贤才）；不要因为一个人说得好就举荐他（不以言举人），不要因为一个人低贱或行为不好就轻视或废弃他所说的话（不以人废言）。而在任用人才时，就要将贤能正直的人安置在邪恶不正的人上面，这样人民便会心悦诚服（举直错诸枉，则民服），而且枉邪的人也会变得正直（能使枉者直）。

严谨处事的目标，主要是为自己、他人和团体创造最大的利益和价值，并妥善处理及解决各种困难和问题。所以，儒家主张，每一个人都要努力做好修身，然后要齐家、治国、平天下，使人民富有（富之），使大家都受到良好的教育（教之），使亲近的人安详快乐（修己以安人），使老百姓安心幸福（修己以安百姓）。而要做好这些，君上和臣下要密切合作，君上请臣下做事要依礼而行（君使臣以礼），臣下事奉君上要忠心（臣事君以忠）。除此而外，孔子还认为，如果彼此能深切体会做君上很难而做臣下也不容易这句话（为君难，为臣不易），在做事时能认真为对方着想，就差不多会使一个国家兴盛（不几乎一言而兴邦乎）。反之，如果君上不善而臣下没有人违抗（如不善而莫之违也），这样就差不多会使一个国家灭亡（不几乎一言而丧邦乎）。这些道理，对家庭管理也非常重要。

《弟子规》中谨规的实践

如何严谨过好日常生活?

在《弟子规》中,首先主张孝道和悌德,其后又提倡泛爱众、亲仁及学文。这些道德及修养的实践,都要运用谨和信的精神、态度和做法。谨是严谨、认真、负责、彻底,信是诚恳、信用、信心和互信。运用谨和信,就能使这些道德和修养,更好更彻底地加以实践。当然,谨和信也是道德和修养的一部分,与其他道德修养相互为用相辅相成。

在《弟子规》中,谨规的实践,共24则,可分类为生活严谨、仪态端庄和处事严谨三个部分,其中生活严谨的部分,共8则,内容如下:

"朝起早,夜眠迟;老易至,惜此时。晨必盥,兼漱口。便溺回,辄净手。冠必正,纽必结;袜与履,俱紧切。置冠服,有定位;勿乱顿,致污秽。衣贵洁,不贵华;上循分,下称家。对饮食,勿拣择;食适可,勿过则。年方少,勿饮酒;饮酒醉,最为丑。"

如何严谨过好日常生活,《弟子规》首先强调要珍惜、把握和善用时间,好好努力学习,不断提升自己;好好努力奉献,不断发挥自己生命的价值。因此,早上要起得早,晚上要睡得晚,以便增加学习和工作的时间。一个人从出生开始,很容易就到了老年,每一段时间都要好好珍惜运用,切不可随意浪费及虚掷光阴。生活严谨,首先就要善用时间,努力学习和奉献,使自己、他人和团体不断成长、发展和进步，几乎所有圣贤的主张都相同。其中。佛家普贤菩萨的主张更为紧切急迫。普贤菩萨有一首偈："是日已过，命亦随减。似少水鱼，斯有何乐。凡我行者，当勤精进，如救顶然（燃）。但念无常，慎勿放逸。"因为生命无常，每一天都可能是活着的最后一天，努力精进学习和奉献的紧迫性，就好像是头发着火燃烧必须立刻扑灭一样。为了增加时间，《弟子规》主张晚睡早起，但睡眠时间务必要充足，最好改为早睡早起。

对于严谨过好日常生活，《弟子规》接着主张，早晨起床后要认真盥洗、刷牙、漱口，将自己打理整齐、清洁；每次便溺完成要洗手，常保清洁卫生并预防疾病。对于穿着衣物方面，戴帽要齐正不歪斜，纽扣要扣好不松开，穿戴鞋袜要紧致不松垮。衣帽要放置在固定位置而不乱扔，衣物穿着时不要随意碰触而致脏污。衣物以清洁为贵，不以华丽为贵；在外在家的穿着，都要适当地与家庭情况和身份相配称。现代社会日渐富裕，一些富裕人群的穿着、随身包及首饰等，常以奢华名牌为贵为炫，并且互相攀比，甚至以此斗丽斗富。在生活富裕时，衣着适度豪华，无可厚非。但如果过于奢侈华贵，或频频过度追赶时尚流行，是否显示自己以外在的奢侈华丽掩饰内在素质的贫乏浅薄，值得大家深思。

《弟子规》对于饮食方面，主张要简单适当而不要挑精拣肥，饮食要适量不要过多过饱；年纪太小不要喝酒，喝酒不要酒醉以免丑态百出。现代生活较为富裕，一般餐饮过度偏重肉食，而且常常吃得过多过饱，已经对健康造成许多损害，实应大大减少肉食增加蔬果，而且最好只吃到七分饱。除此而外，许多人还不断追求昂贵食材，甚至珍贵的野生动物。如此深陷于口腹之欲，是否太过分及显示自己的浅薄，也值得大家自我反省。中国的酒文化中，常有强劝酒及灌酒情事，虽然热情但实显粗鲁，似乎还需朝更文明的方向改进。喝酒开车，极易肇事，法所严禁。为了自己和他人的安全，一定要严格遵守喝酒不开车的规定。中国是抽烟大国，抽烟及吸二手烟严重危害自己和他人健康，已经成为世界共识。各文明国家的人民已经大大减少抽烟，国内烟民对于少抽烟或戒烟，还要多多努力。

如何端庄仪态和举止？

仪态和举止是内在修养的一种表现，每一个人在任何场所，都要表现出端庄从容动静合宜的仪态和举止。《弟子规》对于端庄仪态和举止的实践，共7则，内容如下：

"步从容，立端正。揖深圆，拜恭敬。勿践阈，勿跛倚；勿箕踞，勿摇髀。缓揭帘，勿有声。宽转弯，勿触棱。执虚器，如执盈。入虚室，如有人。"

在待人接物和应对进退时，常常会显示出自己的修养和家教。自己是否受人尊敬，别人是否乐意与自己交往，仪态和举止是很重要的第一印象和以后的评断标准之一。《弟子规》对此主张，走路时步伐要从容，站立时要端正。对人作揖要深圆，握手和打招呼要热诚，见面时要显示恭敬的态度。不要将脚踏在门槛上，不要歪身跛脚斜靠在门上、墙上，坐在椅上或地上时不要将两脚撇开，也不要抖动大腿。一个人在生活中和工作中，表现出来的仪态举止应该不止这些，最主要的是要掌握端正和庄严的原则。国人的仪态举止，例如乱丢垃圾及烟蒂，动作粗鲁不雅，走路急促，不守交通规则，开车乱挤乱冲，上下车推挤乱撞，说话大声喧嚷旁若无人，讲话粗声粗气，天热时将裤腿拉上等种种不文明的行为，都有待大力改进。

如何端庄仪态和举止，《弟子规》还主张，在开门帘时，要轻巧没有声音；在转弯时，要转大弯以免碰撞器物的棱角。手拿空空的器皿，也要像装满时一样地小心谨慎。进入到空无一人的室内，要像室内有人一样地庄敬尊重。这些仪态和举止，所掌握的原则就是谨慎和尊重。因此，在对人方面，要尊重自己，更要尊重他人；态度不要轻浮，不可随便。在对物方面，要以惜物之心，谨慎小心使用和处置，努力保持器物完整如新。在这些方面，国人对于如何更加尊重自己和他人，以及态度如何更端庄有礼，都需再进一步加强改善和提升。

如何处事严谨？

每个人在生活中或工作中，处事都要严谨。这样，事情更可顺利完成，并能避免误会和损害。《弟子规》对于处事严谨的实践，共9则，内容如下：

"事勿忙，忙多错。勿畏难，勿轻略。斗闹场，绝勿近。邪僻事，绝勿问。将入门，问孰存。将上堂，声必扬。人问谁，对以名；吾与我，不分明。用人物，须明求；倘不问，即为偷。借人物，及时还；后有急，借不难。"

对于如何严谨处事，《弟子规》首先主张，做事不要仓促匆忙，否则容易出错。做事不要怕困难，也不要轻视和忽略困难，觉得它很容易。做事若要严整有序从容完成，并能不断解决困难和问题，首先要端正自己的思想和心态，并与他人沟通观念达成共识；其次要掌握策略、方向、原则、目标和标准；再次要确立计划、制度、规范、方法和技巧；最后要彻底执行、检核和总结，以及解决问题和困难。在计划和执行时，对于实现目标，要设法逐步提前完成，这样比较不会匆忙及出错。当发生问题或困难时，除了妥善处理减少损害外，更要找出原因彻底解决，以免重复发生。

对于严谨处事，《弟子规》还主张，凡是容易发生争斗的热闹场所，绝对不要靠近或进去；所有不正当的歪门邪道的事，绝对不要过问或参与。在社会上，有许多不正当的声色场所，常常会使人纵欲过度而损伤身体，或诱使人发生伤风败俗的行为，或甚至发生婚外情而伤害家庭，或常常引起纠纷与争斗。如果深陷其中，常会令人后悔莫及，实为智者所不取，应该弃绝勿近及善加克制。其中，赌博常会导致身败名裂、倾家荡产或家破人亡，尤须绝对避免。在生活中和工作中，要努力做好正当有效的事；情理不容、伤风败俗、歪门邪道及法令禁止的事，绝对不要接触或参与，以免损害自己、家庭和事业，甚至波及他人和团体。

在严谨处事时与人相处，《弟子规》强调，将入门时要问是否有人在室内；将走进厅堂时，声音要大要高；如果对方问是谁，要自报姓名；如果只应答"是我"，对方会不知道是谁。对于物品的使用，要小心谨慎。如果要使用别人的物品，须先明白请求别人许可，否则即是一种偷窃行为。如果向他人借东西来用，要及时归还；以后若再有急用，要再借就不难。这些在做事时的与人相处之道，颇可参考应用。在做事时与人相处，主要的原则是互相尊重及彼此诚信。以此原则去处理各种状况，应该都可以处理得宜，相处愉快。

谨规思考实践的关键要点

严身谨行通天下

1. 儒家主张，在实践仁道思想、君子之道和德政管理时，都要严身谨行认真落实，这样就可通达天下。其中最重要的是修身，一方面要认真学习，不断提高自己的专业素质、人格素质和执行能力；另一方面要努力奉献。与他人共同创造个人和团体更多更好的绩效，同时在奉献中加深学习的体验和领悟。

2. 严身谨行为人处世，在日常生活方面，首先要努力锻炼健康的身体、旺盛的精神和美好的心灵，在工作、休闲和娱乐方面都要严谨有规律；再上一层要表现优良的形象，包括外表穿着和居家工作环境整齐清洁，风度翩翩有礼，言语温文简约，待人接物进退有致，做事严正认真等；更上一层则要在贫贱时保持尊严和志气，在富贵时保持勤劳和朴实。

3. 严身谨行在做人、待人方面，要以严谨的态度善待他人。因此，每个人都要努力了解、理解、谅解、宽恕和原谅他人，再进一步要"己所不欲，勿施于人"，更进一步要"己立立人，己达达人"。在实践时，最主要的精神是互爱与互敬，行为规范要合乎礼制，彼此要团结一致，共创利益和价值。

4. 严身谨行在处事做事方面，要运用严谨的思想、态度和做法，对事认真负责，努力完成任务、达成目标、超越目标，以及不断革新和创新。在实践时，要忠心诚信、推动义行、崇尚道德和坚守信用。

除此而外，还要善于运用他人，共同创造更多

《弟子规》中谨规的实践

1. 如何严谨过好日常生活，《弟子规》善用时间，好好努力学习和奉献；其次接着手，穿衣戴帽等方面都要整齐、清洁、适当当而不挑精拣肥，喝酒不要过量。这些，大家认真努力实践。

2. 《弟子规》主张，每一个人时时处处静合宜的仪态和举止，显示出自己优良的修容，站立时要端正，举止要端庄，待人要恭惜器物等。更尊重自己及他人，态度更端庄加强、改善和提升。

3. 每个人在生活中或工作中，处事都要事，《弟子规》首先主张，做事不要仓促匆困难；其次主张不要靠近或进入易发生争斗歪门邪道的事；在与人相处时，要互相尊重活、为人、待人、处事等方面都很严谨，必

案例一：孔子生活举止严谨

一、案例

中华文化以儒家为主，儒家的创始宗师孔子，后人尊称为"至圣先师"。孔子名丘，字仲尼，在春秋时期成长于鲁国曲阜，幼时丧父，生活十分贫穷困苦，但仍发愤求学。孔子在30岁时，已经学业有成，开始讲学生涯，有教无类聚天下英才而教之达三千余人，其中精通六艺相当杰出的有72人，散居各国担任卿相、国师和教师等。孔子在35岁后两次从政，但时逢乱世，因国君昏庸、奸臣当道、礼乐崩坏而失望离开，于是率领弟子周游列国长达14年，推广仁义之道。在此期间，孔子并未获得重用，且艰辛困苦颠沛流离。孔子在老年回国，除了继续教育学生外，还修订《诗》、《书》、《礼》、《乐》、《易》等，并著作《春秋》使乱臣贼子惧，最终于公元前479年去世，享年73岁。孔子的思想和言行，大部分被收录在学生所编纂的《论语》一书中，充满了为人处世和做人做事的高超智慧。自汉武帝独尊儒术以后，儒家逐渐成为中华文化的主流，并影响世界文明甚巨，孔子也被尊崇为世界十大伟人之一。

孔子除了思想智慧十分值得大家努力学习外，他的生活举止也非常端庄严谨，足为大家学习的榜样。在《论语·乡党篇》中记载，孔子在家乡态度恭慎说话很少，在朝廷中却善于言辞但很谨慎，而态度则很谨敬庄严，从容和悦；在穿着方面，按照家居办公和春夏秋冬都各有适当衣裳和穿着；在饮食方面，非常注重新鲜，如果颜色、气味和时间不对就不吃，肉切得不正也不吃，喝酒绝不喝醉，吃东西时不和人辩论；在睡觉时，躺上床后就不说话，也不摊开手脚像死人一样；进入太庙后，对不明白的事都要向人请教；做客时，主人奉上精美的食物，一定整容起立；坐在车上，不左顾右盼或指东道西。孔子在生活中和工作中的这些端庄举止，确实值得大家参照学习。

二、案例分析

一个人如果要达成人生美满、家庭幸福和事业成功，最好要以严谨有序和认真负责的态度与做法，运用在修持身心、日常生活、做人待人和处理事务等方面。儒家的思想和智慧，在这些方面有许多启示和教导。一般说来，在修持身心方面，要不断学习和提高本身的专业素质、人格素质、执行能力和身心灵性；在日常生活方面，在生活中和工作中的食衣住行和言行举止，都要严谨有度及合宜得体；在为人处世方面，要以郑重敬谨的态度善待他人及分工合作；在处理事务方面，则要认真负责贯彻始终，努力完成任务、达成目标、超越目标和不断革新。

千里之行，始于足下。完成千里的行程，要从第一步开始，每一步都要走好。同样的道理，人生、家庭、事业要美满成功，也都要从最基本的日常生活开始，然后做好所延伸下去的每一部分。严谨过好日常生活，在食衣住行方面要严谨合宜、整齐清洁、保持规律和掌握节度，使身心更健康更安泰；在举止行为方面，要言语温文简约，风度翩翩有礼，待人接物进退有度，做事严正认真。孔子被尊称为至圣先师，《论语·乡党篇》中所述孔子的日常生活和行为举止，以及其他各篇的言行智慧，非常值得大家借鉴学习。大家最好能萃取其精神、原则和精髓，参照本身情况、现代思潮和社会状况，好好努力学习和表现。

严谨过好生活，除了自我管理外，还要注重维护家庭和社会的环境与秩序。所以，家里和工作场所要保持整齐和清洁，衣服和物品要整齐放置定位，公共环境要保持整洁，不乱丢杂物垃圾，公共秩序要…,马路上和公共场所常有不少烟蒂和垃圾,…民众乱丢所致。中国是吸烟大国,吸烟有害…公共场所吸烟,让他人吸二手烟更不应该。…车辆不遵守交通规则乱冲乱撞;汽车乱鸣喇…声喧哗,旁若无人;言语粗鲁,行为粗暴,…乱画等。这些国内的不文明现象,都有待继

…迅速,国人出国旅游越来越多。少数国人在…当影响中国人的国际形象。例如在名胜古迹…丢垃圾及刻画"到此一游",或在离开酒店…的毛巾、枕头、用品等。有些欧洲餐厅,在…域,用中文写着"中国游客用餐区",因为…音太大。国人到外国旅游,在当地常看到大…路上行人和车辆都能遵守交通信号标志,上…,在等候时都能自动排队,以及各人举止都…等等。对于这些现象,希望大家都能见贤思

…枕

…政治家、史学家和文学家,历任宋仁宗、宋…朝,逝世后获赠太师、温国公、谥文正。司…阿,做事勤劳刻苦认真严谨,常以"日力不…儒家教范下的典范之一。在宋神宗朝王安石…廷15年,奉旨主编多卷编年体通史《资治通…代,涵盖16朝1362年历史,总结出许多发人…提供给后代作为借鉴和警诫。在编写期间,…枕头,取名"警枕",警惕自己不要贪睡误

事。当他枕着警枕睡觉时，只要稍一动弹，警枕就会翻滚使他醒来，于是立刻坐起来，继续发奋著述。司马光在为学、任官和著述等方面都取得重大的成就，"温公警枕"的故事也给了大家深刻的启示。

司马光无论在做人做事方面，都非常严谨、认真和负责，除了温公警枕的故事外，他的一些其他事迹也颇令人称道。例如大家所熟知的"破瓮救友"的故事，司马光幼时与小伙伴在后院玩耍，其中一个伙伴掉入大水缸，司马光沉着冷静急中生智，拿大石头砸破水缸救出同伴；司马光所要卖的马有病，坚持要管家诚实告诉买马的人；担任谏官，为国为民犯颜直谏，振兴国家解民苦难；为官清廉，居所简陋，在地下室读书，妻子去世后无钱下葬，典当仅有的三顷薄田买棺理丧；努力著书，除《资治通鉴》外，还著有《温国文正司马公文集》、《稽古录》、《涑水记闻》、《潜虚》等。司马光一生的贡献让当世的人非常尊崇，当他过世时，京师许多人罢市前往凭吊，在京师及全国各地也有很多人悬挂他的画像来祭祀。

二、案例分析

每个人的为人处世，除了严谨做人外，还要严谨做事，这样才能成就事功。儒家主张，做人做事要运用仁道思想、君子之道、德治管理和中庸之道。在仁道思想方面，要贯彻仁、义、礼、智、信的思想系统，心中怀仁，行为合义，举止有礼，推动有智，成事由信。在君子之道方面，要努力培养自己成为兼备智、仁、勇三达德的君子，修己安人安天下。在德治管理方面，要兼备德治和法治，并以德治为主。在中庸之道方面，要做到不偏不倚，合节合宜及择善固执。司马光无论在做人做事方面都非常严谨认真，运用儒家的思想和智慧，对国家和人民做出巨大的贡献，历代对他都十分尊崇敬仰，可以作为大家学习的典范。

司马光"温公警枕"的故事，除了表现司马光严谨做人做事的精神之外，还启示大家要爱惜时间和善用时间。在中华文化中，非常强调珍惜时间的重要性，例如时光如白驹过隙；一寸光阴一寸金，寸金难买寸光阴；少壮不努力，老大徒伤悲等，都是老师和长辈不断耳提面命的教诲。每一个人都要爱惜光阴，将一生有限的时间善用在学习和奉献上。通过学习，才能不断提高自己的专业素质、人格素质和执行能力，从而提高奉献的能力和效益。通过奉献，才能为自己、家人、他人和社会、国家、民族与世界产生贡献，与大家共同创造更多的利益、价值和幸福，并在奉献的过程中因体验和领悟得到更多的学习。通过学习和奉献，必更能发挥生命的意义和价值。

现代管理也非常重视时间管理，主张要做好要项管制、源流管制和目标管理。在要项管制方面，要将各项事务按照紧急性和重要性排列优先顺序，最重要最紧急的列为第一优先，要投入最多的时间和精力加以处理。以下的优先，依序为紧急不重要、重要不紧急、不重要不紧急，其中最后一项的事务最多，都是些鸡毛蒜皮、鸡零狗碎的小事，应予以简单处理或延缓处理，或甚至予以忽略。这样，时间运用才会有效率、不浪费及有成效。而在处理每一件事时，则要掌握源流管制的原则，对事要严求成果及一步到位，问题和困难发生时要立即处理及找出原因加以解决，以免重复再犯。如此，才不至于将时间浪费在反复的修正、补充、加强和纠错中。在目标管理方面，则要将所要进行的事务，预先订立时间目标和成果目标，也就是何时要达成那些成果，按照目标订立执行的计划，认真彻底加以执行，努力达成目标和超越目标。如果能做到这些，相信更能发挥时间的效率和成果。

每个人活在世界上，都希望能努力学习与奉献。人生短短数十寒暑，若要在生时和死后都能不朽永生，就要致力于立功、立德、立言三不朽。立功是建立功业贡献社会和大众，立德是树立优良的德行作为后人的典范，立言是著书立说教导启迪他人。司马光逝世于公元1086年，至今已近千年，他的功绩造福当世及后人，德行足为楷模，《资治通鉴》则传世不绝，可说是兼备三不朽的人物。孟子说："舜何人也，予何人也，有为者亦若是。"只要大家朝此方向好好努力，不管做到什么程度，相信都更能发挥生命的意义和价值。

第四章 四讲信 培习法 范在例

儒家的核心思想系统是"仁、义、礼、智、信"。仁就是爱人，要落实为义行，实践时要合乎礼制，还要运用学识和智慧，并以诚信来完成。大家都有诚信，才能使自己和他人都更有信心、信用和信任。彼此在互信中，共创成功事业和美满人生，为自己、他人和团体完成最大的利益和价值。

信是一种重要的道德规范，常与诚共称而为诚信。信包括自信、信心、信用、信任和互信等，诚包括诚心、诚意、诚恳、认真、负责等。基于至诚，更能彰显互信。真正的信心、信用和信任，主要建立在彼此的实力和表现上，所以大家都要不断提高素质实力和绩效表现。除此而外，如果发生过失或过错，就要迅速面对、处理及改正，这样才不至于减损彼此的互信。

在《弟子规》中，对于如何实践信范的做法，共列出15则，包括言行诚信、勿轻言诺、才德并重及改过向善四个部分。每一个人无论做人做事，都要随时保持诚信的思想、心态和做法，在说话、承诺和行为方面，都要诚恳、实在、有信用。通过自我的努力及与他人共同的协作，共同致力于提升彼此的才德和表现，以及改正彼此的过失和错误。

诚信为什么很重要?

儒家的核心思想以"仁"为中心,形成了"仁、义、礼、智、信"的思想系统。"仁"就是爱人,要落实为义行,实践时要合乎礼制,还要运用学识和智慧,并以诚信来完成。在这一个思想系统中,仁、义、礼、智的运用和发挥,都要以诚信作为基础,并在诚信中完成。彼此有诚信,才能使大家更有自信,彼此更有信心和信用,互相更能信任。如果能这样,大家就能更有效地共创成功事业和美满人生,为自己、他人和团体完成最大的利益和价值。因此,《君子道》和《弟子规》将谨和信并列,以谨规和信范落实完成孝道、悌德、泛爱众、亲仁和学文。

对于诚信,孔子非常重视,认为诚信是实践仁道思想的必要德行之一。《论语》记载,子张向孔子请教"仁",孔子说,如果能做到恭、宽、信、敏、惠这五样事,就算做到"仁"了。子张再向孔子请教,孔子说,恭敬就不至于遭到侮辱,宽厚就可以得到人心,诚信就能为人所信任,勤敏就能提高绩效,惠爱就可以使人为己所用。(原文:"曰:恭、宽、信、敏、惠。恭则不悔,宽则得众,信则人任焉,敏则有功,惠则足以使人。")实践诚信,除了彼此互相信任而乐意共事之外,孔子还进一步认为,落实诚信才真正能够成就事功。所以,孔子在《论语》中说,实践仁道的君子,要以义行为本质,以礼制加以实践,对外言行要谦逊,以诚信成就事功。(原文:"子曰：义以为质，礼以行之，孙以出之，信以成之。君子哉。"）

信是一种重要的道德规范，常与诚共称而为诚信。信包括自信、信心、信用、信任和互信等，诚包括诚心、诚意、诚恳、认真和负责等。以诚作为基础和精神，信就能更坚定和彰显。如果彼此以至诚相对待，大家就会更有信心、信用和互信。儒家的心法是中庸之道，做人做事都要不偏不倚、恰到好处及择善而固执。而中庸之道的心法，就是诚。《中庸》认为，诚是完成自己人格的要件，万事万物的终始本末都离不开它。诚不但可以成就自己，还可以成就万物。（原文："诚者，非诚己而已也，所以成物也。"）所以，只有天下最诚的人能做到化育万物的地步（唯天下至诚能化）。由此看来，如果信以诚为基础和精神，诚以信来展现和发扬，两者并行共用，就能发挥最大的作用与成就。

诚信这种道德规范，小至个人的为人处世和家庭的经营管理，大至国家的治理和统治，都要普遍加以运用。就个人而言，孔子在《论语》中认为，一个人在修养和道德上，应当坚守忠心和诚信的德行（主忠信）。所以，孔子总以四件事来教导学生，那就是典籍、德行、忠心、诚信。（原文："子以四教，文、行、忠、信。"）就交朋友而言，《论语》记载，曾子每天都以三件事反省自己，其中一件就是与朋友交往有没有不诚信的地方（与朋友交而不信乎）。除此而外，子夏也认为，与朋友交往，言行都要有诚信（与朋友交，言而有信）。诚信既然可以化育万物，所以国家治理也非诚信不可。在《论语》中，孔子说，如果人民对政府没有信心和信任，则人民对国家就不会建立拥戴的志节（民无信不立）。此外，孔子又说，如果君上喜好实践诚信，则人民就会运用情感来爱戴君上（上好信，则民莫敢不用情）。国家治理如此，家庭管理也是如此。

如何让彼此有信心？

要真正做好诚信，首先要做好对自己的信心，也就是自信；其次要让别人对自己有信心，也就是他信；最后还要做好互相有信心，也就是互信。要做好自信、他信和互信，最重要的是要建立在大家的实力和表现上。实力来自于专业素质、人格素质和执行能力，表现来自于为人处世、工作精神和工作绩效。如果素质不断提升，能力不断加强，做人做事的表现越来越好，则自信、他信和互信就会越来越强。因此，每个人都要努力学习，持续提高素质和能力；还要努力奉献，不断提高绩效和成果。这样，彼此的诚信就会越来越真挚及深切。

信心、信用、信任和互信，最重要的决定因素还在于工作绩效杰出以及少犯过错。因此，每个人在进行各项工作时，首先要确立进行的方向、策略和原则；其次，再订立及运用进行的目标、计划、方法、规范和技巧，然后再加以彻底执行；务求一步到位，以及解决所发生的问题和困难。在重要阶段及事情完成后，还要总结实施的成果状况、成果和目标的差异和补救改善之道，以及缺点与问题的改善对策和下一步的计划，等等。如果工作都能按照这种系统化的方式进行，相信必更能完成任务、达成目标和超越目标，发挥全面性和整体性的工作绩效，也使彼此的信心、信用、信任和互信越来越强。《论语》主张，做事要"敬事而信"，最好能运用这种系统化方式，加以贯彻实践。

每个人在做人做事方面，无论怎么注意防范，有时仍难免发生错误和过失。如果自己发现过错，要迅速处理以减少损害，并尽速找出原因加以改正。如果过错是由别人发现、提醒或劝谏，要心怀感谢并迅速虚心检讨改正。经虚心检讨后，如果自己不以为然，应该征询多方的意见然后做决定。在《论语》中，子贡说，君子的过错，就像日食月食一样。当有过错时，大家都看得见；当过错一改正，大家仍都会敬仰。（原文："子贡曰：君子之过也，如日月之食焉。过也，人皆见之；更也，人皆仰之。"）古话说："人谁无过？过而能改，善莫大焉。"做人做事，要努力减少过失和错误；如果发生，就要尽快补救和改正。这样，彼此的信心、信用、信任和互信就会不断增加。

要增加信心、信用、信任和互信，遵守诺言非常重要。对于每一件事情，要慎重考虑之后才可做承诺；在承诺之后，一定要尽力及时做到。在《论语》中记载，子贡问孔子怎样才可称为"士"，孔子认为，说出的话一定要守信用（言必信），做的事一定要做到底（行必果），这是"士"应有的最起码条件。在中华文化中，一向非常注重遵守信用及实践承诺，在现代颇有偏差，有待大家致力于恢复及改善。增加信心、信用、信任和互信，言行一致也非常重要。说到是否做到，所说与所做是否一致，做的事有没有做到位，所做的有没有打折扣，以及有没有守信用，都会影响互信。孔子在《论语》中说，君子要以说得多做得少为耻辱（君子耻其言而过其行），最好能做到说话郑重而做事敏捷（君子欲讷于言敏于行）。

如何进一步做好互信？

人与人之间，如果彼此有更多的互信，就会更加密切结合及分工合作，共同创造更大的利益和价值，以及解决更多的问题和困难。要进一步做好互信，最主要的是要努力贯彻诚信的精神，在良好的为人处事、密切互动、工作表现、共创绩效和成果分享中，不断累积彼此的信心、信用和信任。除此而外，孔子在《论语》中还举治理国家为例，认为如果能礼、义、信并用，就能得到更多更强的互信。孔子说："上好礼，则民莫敢不敬；上好义，则民莫敢不服；上好信，则民莫敢不用情。夫如是，则四方之民襁负其子而至矣。"意思是说，君上爱好礼制，百姓就不敢不恭敬；君上爱好义行，百姓就不敢不服从；君上爱好诚信，百姓就不敢不运用情感。如果能够这样，四方的百姓就会扶老携幼来投靠。国家如此，家庭、企业和社会必也如此。

要进一步做好互信，除了工作表现而外，还得要努力学习，充实自己的学识，提高自己的智慧。这样，除了以更好的学识、智慧和能力提高互信而外，也才不至于因为学识和智慧不足而盲目信任，或所信非人，以致减少或丧失互信。所以，孔子在《论语》中主张，对于学问，要有诚笃的信心，又须勤勉地去探求；对于好的道理，要择善固执坚守到死。（原文："子曰：笃信好学，守死善道。"）如果不努力提高学识和智慧，孔子在《论语》中列出六种弊病，其中的一种便是，喜好诚信而不好学，便会因信任错误而发生害己害人的贼害（好信不好学，其蔽也贼）。

彼此进一步做好互信，除了提高表现和实力而外，孔子认为，"正名"非常重要。也就是说，要做好每一件事，为什么要去做，为什么用这种策略和做法去做，一定都要有正当有效的原因、理由、依据和道理，才更能得到大家的认同。此外，最好还要努力沟通观念和建立共识，如此则更能加强互信而众志成城。孔子认为，原因、理由、依据、道理等名义都要正当有效（必也正名乎）。如果名义不正当，说法及言词就不能顺理成章及义正词严，而事情也就做不成了。（原文："名不正则言不顺，言不顺则事不成。"）彼此互相共同协作，如果大家都能名正言顺，必能进一步做好互信。

要进一步做好互信，还要避免盲目相信别人、相信不该相信的人或相信的程度过深。如果不能避免这些毛病，很可能误事，或使自己受害，或使他人受害。因此，每个人都要根据自己对他人信心和信任的程度，对他人逐步做好适当的训练、指导和监督。其中，对于他人工作的方向、进度和成果，更要做适当紧密的考核和追踪，有需要时还要再给予指导。如果能这样做，就不至于盲目相信而发生损害，从而减损互信。大家都尽力做到获得别人的信任、对别人信任及大家互信，彼此就能真正放心地互相配合及合作，共创成功事业和美好人生，共同对家庭、社会、国家和世界做出更大的贡献。

《弟子规》中信范的实践

如何做到言行诚信？

《弟子规》主张，每一个人都要做好孝道、悌德、泛爱众、亲仁及学文等德行。要做好这些德行，除了运用谨规之外，还要运用信范。信范就是推行诚信的规范，可以说是这些德行在实践时应该具备的规范和基础。运用信范，大家就能在彼此更深切的互信中，共同分工合作及团结一致，更有效地实践好这些德行。

《弟子规》中有关信范的实践，共15则，可分类为言行诚信、勿轻言诺、才德并重及改过向善四个部分。其中，关于言行诚信的部分，共3则，内容如下：

"凡出言，信为先；诈与妄，奚可焉。话说多，不如少；惟其是，勿佞巧。奸巧语，秽污词，市井气，切戒之。"

每一个人无论做人做事，都要随时保持诚信的思想、心态和做法。《弟子规》首先强调，说出来的话，一定要以诚信为先。欺骗别人和虚妄夸大的话，千万不可说。每个人为人处事，都要诚恳实在及认真负责，让别人产生信心和信任。说出来的话，一定要努力做到，这样才会有信用。因此，说话之前要先斟酌是否做得到、如何言语得当及简单扼要，斟酌好后才说出来。在说话时，不要因为一时疏忽，说了不恰当的话，以致使人尴尬或心生反感；或因一时高兴，做了不适当的承诺以致做不到。出言不当和诈骗虚妄，都会严重影响信用，务必努力避免。

做人做事要言行一致、多做少说、言语实在、言谈高尚，这样就可增加别人的信心和信任。《弟子规》接着主张，话说得多，不如说得少。因为话说得太多太满，可能言多必失而说错话，也常可能做不到，不如少说一些，或说得保守一些。此外，所说的话，要符合真实的状况，不要夸大妄言和花言巧语。奸巧的话语，例如欺骗、奸诈、挑拨、离间、强辩、巧饰、吹牛、拍马等话语；秽污的词语，例如咒骂、粗口、污秽等词语；最好都不要说。市井的习气，例如江湖、粗鄙、野蛮、低俗等习惯和行为，尽量不要显现。这些不良的言语、行为和习气，都会损坏自己的形象，降低自己的人格，减少自己的信用，也减少别人对自己的信心和信任，都要努力戒除。

如何做到不轻易说话和承诺？

在彼此的互动中，一个人说话是否真实，能否实践诺言，是影响自己的信用及别人的信心与信任最重要的因素。《弟子规》中对于勿轻言诺的部分，共2则，内容如下：

"见未真，勿轻言；知未的，勿轻传。事非宜，勿轻诺；苟轻诺，进退错。"

《弟子规》主张，一个人所说出来的话，要真实有信用，要让人有信心。因此，不是亲眼看到的，或看得不够真切的，不要轻易说出来；对于事情的真相，没有足够把握和确切了解的，不要轻易传播给他人。所说的事情，或所传播的事情，如果事后都证明与事实相符，久而久之，必能获得别人的信心与信任。反过来说，如果所说与所传播的，常常与事实相距甚远，则他人的信心与信任就会大打折扣，甚至会影响到对于人格和一切所作所为也产生怀疑。因此，说话要严谨、实在及有信用，非常重要。

《弟子规》认为，除了说话要有信用之外，对于承诺更要有信用。所以，当事情还未发展到适宜的时候，不要轻易答应或承诺别人，否则会陷入到进退两难甚至进退都错的地步。在与他人彼此相处互动中，总免不了需要答应或承诺为他人提供物品和服务。如果情况还不适宜，或条件还不完备，或时机尚未成熟，就轻易答应或承诺别人，常常会做不到，或不能及时做到，或只能做到一部分，这样他人的信心与信任就会逐渐减少。如果因为情势需要，必须提早答应或承诺，最好跟对方将前提和条件说清楚，或只承诺到某一程度或其中的一部分，如此才比较有回旋的余地，也较能维持他人的信心与信任。

如何做到才德并重？

一个人如果才能卓越、表现杰出及品德高尚，就会更加信誉卓著，增加大家的信心与信任。因为大家对他比较放心，知道他可如预期一样完成所负责的事情，也知道与他共同协作可以比较轻松愉快实现目标。因此《弟子规》主张，每个人都要努力做到才德并重，共6则，内容如下：

"凡道字，重且舒；勿急疾，勿模糊。彼说长，此说短；不关己，莫闲管。见人善，即思齐；纵去远，以渐跻。见人恶，即内省；有则改，无加警。唯德学，唯才艺；不如人，当自砺。若衣服，若饮食，不如人，勿生戚。"

说话交谈是互相沟通和表现才德非常重要的方式。《弟子规》主张，在说话的时候，口齿、发音、吐字要清楚，声音要洪亮而舒缓；声调不要急促，也不要着急让人了解；讲出来的意思要清楚，不要含糊其辞。为了使沟通更有效更轻松，以及避免双方不清楚了解或知解有差异而发生误会，这些原则确实很重要。如果一方所说的话听不清楚或语意模糊，最好能向对方确认清楚。在互相沟通时，最好能针对沟通的目的进行，不要旁生枝节。此外，《弟子规》还主张，对于他人的长长短短和是是非非，常难以分辨谁对谁错，尽量不要议论和传播；对于与自己无关的闲事，不要去管。如果能做到说话清楚、不议论他人长短和不管闲事，对于互相增加信心、信用和信任，一定会有很大的帮助。

提高自己的才德，向别人学习是一个很重要的途径。《弟子规》主张，如果见到别人的优点或表现好的地方，就要下定决心努力学习到像他一样；如果与他还相差较远，只要勤加努力也可逐渐赶上。如果见到别人的缺失或做得不好的地方，就要马上反省自己有没有像他一样的缺失。如果有，就要马上改正；如果没有，就要时刻警惕自己不要犯同样的缺失。孔子在《论语》中说："三人行，必有我师焉。择其善者而从之，择其不善者而改之。"就是这个意思。要不断提高才艺和品德，除了努力向别人学习之外，更重要的是要努力自我学习和提升。所以，《弟子规》又主张，如果道德、学问、才能、技艺不如人，就要自我勉励和奋发，努力去学好。但如果衣服饮食不如人，不要感到忧伤，因为才德更重要。不断提高才德素质和绩效表现，是提高自我和大家的信心、信用与信任最重要的方法。

如何改过向善？

每个人在生活中和工作中，虽然努力避免错误和过失，但仍免不了会发生。如果一旦发生，就要迅速处理及改正。有些过失或错误，自己可能不知道。如果由别人提醒或劝告，要心存感激，迅速自我反省及检讨，并作必要的处理及改正。《弟子规》中对于改过向善的部分，共4则，内容如下：

"闻过怒，闻誉乐；损友来，益友却。闻誉恐，闻过欣；直谅士，渐相亲。无心非，名为错；有心非，名为恶。过能改，归于无；倘掩饰，增一辜。"

每个人在家庭之外，大部分都与亲戚、朋友、同事共同生活及工作。这些人有些是对自己有益处的朋友，称为益友；有些是对自己有害处的朋友，称为损友。孔子在《论语》中说，正直的朋友（友直），诚信的朋友（友谅），见闻广博的朋友（友多闻），就是对自己有益处的朋友；习于做表面功夫而不正直的朋友（友便辟），善于奉承谄媚的朋友（友善柔），花言巧语好走歪路的朋友（友便佞），就是对自己有害的损友。《弟子规》上说，如果自己听到别人指出自己的过错就发怒，听到别人称赞夸奖就快乐，那么损友就靠近来了，而益友就远离去了。反过来说，如果听到别人称赞夸奖就更加戒慎恐惧，听到别人指出过错就欣喜，那么直友谅友等益友就逐渐亲近来了。每个人如果要多交益友少交损友，最好努力按照这一个观点去做。

对于过失和错误，《弟子规》主张，如果是无心的，那可说是一种错误；但如果是有心的，那就是一种罪恶。所有的过失或错误，如果能够改正而且不再重犯，过错就可以弥补或消失；如果还一味加以巧辩或掩饰，那就更加一层过错。过错一发生，无论是由自己或他人发现，都应该迅速承认，首先要尽力处理减少损失，而后还要努力找出原因及对策，彻底加以解决，以免重复再犯。假如在发现之后还要力图掩饰或狡辩，非常可能使过错愈来愈严重，最后甚至可能演变成无法收拾。在现代社会中，这种案例相当普遍，人人都应引以为戒。知道过错如果能够迅速处理及改正，最后必可增加大家的信心、信用和信任。

信范思考实践的关键要点

诚信以成事

1. 为人处世，彼此都要以诚信作为基础，并以诚信成就事功。诚包括诚心、诚意、诚恳、认真和负责，信包括自信、信心、信用和互信，两者相互为用相辅相成。彼此有诚信，大家就会更有自信、信心和信用，而且更能互相信任，共创成功事业和美满人生。

2. 在与他人相处或来往时，如何让彼此更有自信、他信和互信，最重要的是要不断提高专业素质、人格素质和执行能力的实力，以及为人处世、工作精神和工作绩效的表现。除此而外，发生错误和过失要能迅速承认、处理和改正，对于承诺要尽力及时做到，所说与所做要一致，这些也是关键。

3. 人与人间，如何让彼此有更多的互信，最主要的是要努力贯彻诚信的精神，在良好的为人处事、密切互动、工作表现、共创绩效和成果分享中，不断累积彼此的信心。除此而外，不断提高素质和能力，做事要有正当有效的原因和理由，与他人共事要有适当的训练、指导和监督，也都很重要。

《弟子规》中信范的实践

1. 人人都要做好诚信，大家就能在更深切的互信中，彼此紧密分工合作团结一致，更有效地实现目标。对于诚信，《弟子规》首先强调，说出来的话，要以诚信为先，要实在负责、努力做到及多做少说。除此而外，不要有不良的言语和行为以及市井粗鄙的习气。这样，就能增加彼此的信心和信任。

2. 在彼此的互动中，一个人的说话是否真实，能否实践诺言，非常影响自己的信用和别人的信心与信任。因此，《弟子规》主张，不是亲眼看到或看得不够真切的，不要轻易说出来；对于真相不够确切了解的，不要轻易传播；事情不恰当或未到适当的时候，不要轻易答应或承诺，以免进退都错。

3. 一个人如果才能卓越、表现杰出及品德高尚，就会更加信誉卓著，增加大家的信心与信任。因此，《弟子规》首先主张，说话要清楚明白，不议论他人长短，不要乱管他人闲事；此外还更进一步主张，要努力通过自我学习和向他人学习，不断提高才德素质和绩效表现。

4. 每个人难免犯错，努力减少犯错，犯错之后能迅速处理及改正，必可增加大家的信心、信用和信任。因此，《弟子规》主张，要多交益友少交损友，听到他人称赞要戒慎恐惧，听到他人指出过错要欣喜感恩，切不可有心犯错，犯错要承认、不狡辩及迅速改正解决。

信范案例分析

案例一：季札挂剑

一、案例

西汉后期的经学家和文学家刘向，在其所著的《新序》一书中记载了季札挂剑的历史故事。春秋时期的季札，是吴国国君的幼子。吴国的祖先就是为了国家把王位让给弟弟季历的泰伯，他后来迁到当时为蛮荒之地的荆楚，建立了吴国。季札的才能和德行都非常出类拔萃，大家都很赞赏他。有一次，他奉派出使晋国，在途中佩戴宝剑拜访徐国的国君，徐国国君观赏他的宝剑，觉得既典雅又庄重，心中非常喜欢，嘴上虽然没说什么，但却露出很想要的脸色。季札因为有出使他国的任务，并没有把宝剑献给徐国国君，但心里已经默默决定，在出使任务完成后就把宝剑送给他。

世事无常，当季札出使完成返回再途经徐国时，徐君已经过世，季札想解下宝剑送给继位的徐国国君。随从人员阻止季札说："这是吴国的宝物，不是用来作为赠礼的。"季札回答说："我不是送给他的。前次我经过这里，徐国国君想要这把宝剑却没说出来，但我心中已经许诺要送给他。如果因为他已死就不送，我就违背了诚信和良心，正直的人是不会这样做的。"于是解下宝剑送给继位的徐君，徐君却说先君没有遗命不敢接受。最后，季札把宝剑挂在徐国国君坟墓旁边的树上就走了。季札这种诚信的美德，当代和后代的人都非常佩服和赞赏。

二、案例分析

儒家的核心思想是"仁、义、礼、智、信"仁道系统，其中信放在最后。意思是说，以义行、礼制和智慧实践仁爱，都要以诚信作为基础，并以诚信来成就事功。信包括信用、信心、自信和互信，诚包括诚心、诚意、诚恳、认真和负责，两者相互为用相辅相成，常以诚信并称。在诚信中，遵守承诺非常重要，这样才能彼此有信心和互信。因此对于每一个人每一件事，都要慎重考虑之后才可做出承诺；在承诺之后，一定要全力及时达成。除此而外，还要做到言行一致，也就是所说的和所做的要一致，做人做事都要有信用、彻底到位及不打折扣。

在中华文化中，一向非常注重信用和遵守承诺。孔子是至圣先师，《论语》记载，他主要以四件事教导学生，那就是典籍（文）、德行（行）、忠心（忠）和诚信（信）。孔子还认为，政府和国君一定要有诚信，这样人民就会忠诚政府和爱戴国君。孔子的学生曾子每天都以三件事来反省自己，其中一件就是与朋友交往有没有不诚信的地方。季札对于送剑给徐国国君，并没有在口头上承诺，只是在心中默默许诺和决定，但季札认为这样就已经是一种承诺，一定要做到才不违背诚信和良心。季札这种遵守承诺誓守诚信的精神，非常值得大家效仿。

在中国历史中，常见到许多遵守诺言的诚信故事，也可供大家借鉴。曾子非常注重诚信，对孩子也是一样。曾子的妻子要赶集，怕麻烦不带孩子去，于是哄儿子说等妈回来让爸爸杀猪给儿子吃。当曾子的妻子赶集回来时，却见曾子坚持要杀猪给儿子吃，曾子说："孩子一举一动都跟父母学，今天骗他，明天他就会去骗别人，这怎么行呢？"曾子杀猪的故事启示我们，教育孩子要诚信不欺，自己就要以身作则。在中国成语中，一诺千金的故事也常常激励大家要信守承诺。季布原是项羽手下的大将，在战场上曾屡次使汉王刘邦受困。刘邦打败项羽建立汉朝称帝以后，经劝说赦免了季布，任命其为中郎将。季布非常重视承诺，说到一定做到。司马迁在《史记》中称赞他说:"得黄金百,不如得季布诺。"一个人如果能认真履行承诺,就会变成社会最珍贵的资产。

近代中国,因为种种原因,注重诚信的文化相当衰微。在社会中,常见许多不诚信的事例,坑蒙拐骗的现象也层出不穷。自改革开放以来,由于大家的觉醒、教育的提升、社会秩序的需求以及法令的完善,这些不良的现象已经得到很大的改善,但仍待继续加强及提升。在现代社会中,经营企业或其他事业,事实上就是以产品或服务来承诺社会,务必要努力为社会创造利益、价值和福祉,且不可污染及危害社会。每一个人无论从事什么职业,都要全力履行这个承诺,努力实践这个社会使命。

案例二:卿相晏婴和大夫车夫

一、案例

与孔子同一时期的齐国卿相晏婴,是一位伟大的政治家、思想家和外交家。晏婴身材矮小,其貌不扬,但却才气纵横,头脑机灵,生活节俭,忧国忧民,敢于直谏。晏婴前后历任齐灵公、齐庄公、齐景公三朝的卿相,勤恳廉洁秉公无私,辅国为民成效斐然,例如主张与邻国和平相处不事挞伐,力劝君主赈灾深得百姓爱戴,折冲樽俎之间使晋国放弃攻打齐国,运用二桃杀除骄横的三勇士去除国家隐患,委婉劝谏国君去除暴政,出使各国唇枪舌剑辩群雄力争国格等,在诸侯和百姓中享有极高的声誉。编著《史记》的司马迁对他非常推崇,将他与齐桓公的贤相管仲并列。

晏婴非常令人尊崇,为他驾驭马车的车夫也很了不起。在《史记·管晏列传》中记载,有一次晏婴坐马车出门,车夫的妻子看到自己的丈夫驾着四匹马拉的华盖大车,一副趾高气昂威武傲慢的样子,而坐在马车内的晏婴却显得非常恭谨谦卑端庄虚心,对比之下感到非常失望和伤心。车夫回家后,夫人就要求离婚。车夫大惊就问原因,车夫的妻子说:"晏子身长不满六尺,担任齐国宰相,在诸侯中非常出名。我看他出门，非常庄严谦卑。你身长八尺，只是他的马车夫，却自我满足傲慢自大，所以我要离开你。"车夫听完后，感到非常惭愧，恳请夫人原谅。从此之后，车夫痛定思痛认真改过，努力为学精进及修养德行。经过一段时间之后，车夫德才俱佳，晏婴将他推荐为齐国大夫。

二、案例分析

要真正做好诚信，最主要是要建立信用、信心和信任，包括自信、他信和互信。自己对自己有信心和信任，别人对自己有信心和信任，彼此互相有信心和信任，严守承诺当然很重要，但更重要的是要提高自己的实力和表现。提高实力，就要不断通过学习提高学识智慧、品行道德和执行能力。实力越高，就具备了更强的表现能力，信用会更好，社会和大众的信心和信任程度也会越高。通过奉献提高表现，就要努力在为人处世、工作精神和工作绩效上下功夫，要表现更好、效益更大及绩效更高。通过不断累积信用，就能真正得到社会和大众更多的信心和信任，甚至尊崇和敬仰。实力和表现两者相较，表现比实力还更重要。

在中华文化传统中，一向非常注重以修身提高实力，以齐家、治国、平天下力求表现，尤其是有知识和智慧的社会精英更应如此。所以孔子主张要修己以安人和安百姓，宋代范仲淹主张要先天下之忧而忧后天下之乐而乐，许多人也都认为国家兴亡匹夫有责。由于国人这种对社会、国家、民族和世界的承诺和责任，数千年来成就了伟大的中国和中华民族。晏婴虽然身材矮小其貌不扬，但却努力求学才气纵横，为人恭谨谦卑端庄虚心，为官勤恳廉洁秉公无私，辅国为民成效斐然，对人民和国家都产生巨大的贡献，成为伟大的政治家、思想家和外交家。在中国历史中，像晏婴这样实力和表现俱佳的人物不少，都得到大家的信心、信任、尊崇和敬仰，非常值得大家好好向他们学习。

每个人不断提高实力和表现，除了可做出更大更多的贡献外，应当还可减少过错和缺点。通过自觉或别人指点，如果发现过错和缺点，就要尽快处理、补救和改正，这样不但不会减少信用、信心和信任，反而还会增加。晏婴高大的车夫驾驶丞相的豪华大车，狐假虎威傲慢自大，车夫的妻子觉得甚为可耻而要求离婚。车夫猛然醒悟后，从此痛定思痛，不断认真改过奋发精进，后来晏婴将他推荐为齐国大夫。由此可见，一个人如果犯错，或有重大缺点，只要能真诚忏悔改过，认真汲取教训力求精进，不但能恢复信用、信心和信任，常常还能更上一层楼。除此而外，大家也可领悟到，贤慧有德的妻子可以帮助和督促丈夫成功，晏婴车夫的妻子就是一个好榜样。

　　知错能改，善莫大焉。周处是西晋时期的人，凭借自己力气大又武艺高强，在乡里欺凌百姓，成为地方恶霸，与河中蛟龙和南山猛虎同被列为地方三害。其后周处断然改邪归正，还杀除蛟龙和猛虎，为民除三害。周处后来跟随名士陆机和陆云学习，奋发向上力求精进，最终做了将军，成了国家栋梁之才。三国时期的曹操，率领军队在麦田中行进，因群鸟飞出惊扰战马冲入麦田，由此踏坏一大片麦子而违犯必斩军令。曹操不找借口掩饰己过，反而承认过错甘心受罚，后因是统帅而以割发代替斩头，赢得众将士的佩服和尊敬。严守信范，每个人都要严以律己，努力提高实力和表现，还要力求减少过错和缺点，如果发生则要迅速承认、处理和改正。信以成事，让我们大家都来严守信范，共创和谐、健康、繁荣、快乐和幸福。

五语爱 谓心明 行在礼

中华文化以儒家思想为主流,儒家思想的核心是仁道思想,泛爱众是仁道思想最重要的展现。因此,每个人除了爱自己之外,还要致力于爱他人和团体,也就是要以爱拥抱世界。如果能这样,团体的利益和价值就会越大越高,每个人自能分享更多;而且由于彼此在互动中的回馈,多付出爱的人应当会得到更多的利益和价值。

实践泛爱众,儒家主张要以正当合宜的义行为本质来为人处事,在实践义行时要合乎礼制,言语和行为要谦逊,以知识和智慧来加以运用,并以诚信来成就事功。在现代如果要实践泛爱众,最好实践和提倡社会使命感理念,让自己、他人和团体的人生需求同时得到最大的满足,共创和谐、健康、繁荣和幸福。

在《弟子规》中,对于如何实践泛爱众的爱行,共列出21则,包括仁者爱人、劝善建德及推己及人三个部分。仁者爱人,大家都要互爱互敬和互相合作,共创彼此的利益、价值和幸福。劝善建德,要隐恶扬善相互劝勉,并要避免及改正不良德行。推己及人,要多给少取,己所不欲勿施于人,多报恩德少报怨恨,还要致力于使人心悦诚服。

君子道

用泛爱众拥抱世界

为什么要泛爱众？

人类的习性，一向是生活在紧密型的群居社会中。人类除了个人而外，还组成各种团体，包括家庭、家族、社群、机构、社会、国家、民族，等等。在其中，个人与个人间、个人与团体间、团体与团体间，彼此或分工合作，或相互竞争，或相互争斗，在往来互动中形成各种复杂的关系。为了使个人和团体都能充分发挥所长，共同获得最大的利益和价值，持续促进个人和团体良性的成长和发展，数千年来几乎所有的先贤圣哲都极力主张，每一个人除了爱自己之外，更要致力于爱他人和爱团体，也就是要以泛爱众拥抱世界。如果能这样，团体的利益和价值就会越大越高，团体中的每个人自能分享更多；此外，由于他人和团体在互动中的回馈，付出爱的人应当会得到更多的利益和价值。如果反其道而行之，人人自私自利互相计较，结果必然相反。

中华文化以儒家思想为主流，儒家思想的核心是仁道思想，泛爱众是仁道思想最重要的展现。因此，《君子道》和《弟子规》在"首孝悌"和"次谨信"之后，紧接着提出"泛爱众"和"而亲仁"，作为《君子道》和《弟子规》的重心和基础。孔子对于仁的意义，有许多不同角度和层次的说法，其中最直接的说法便是"仁者爱人"，也就是泛爱众。对于泛爱众，古今中外的哲学家和宗教家也都有相同的主张。其中，佛教主张"慈悲"，通过认真、努力和无私的奉献，以

"慈"带给他人和团体平安与喜乐("予人安乐"),以"悲"帮助他人和团体解决困苦灾难和扶危济贫("解人苦难")。除佛家外,道家也主张慈悲。老子说他有三宝,第一宝就是"慈",并说有慈悲就会很勇敢地坚持奉献("慈故能勇")。而源自西方的天主教和基督教,则主张"博爱",要广泛、普遍而深入地爱他人和团体。由此看来,泛爱众可以说是古今中外大家都非常重视和提倡的普世价值。

怎样才能做好泛爱众,儒家主张要推己及人,将爱己之心推展到爱他人和团体,同时兼顾及发展大家共同的利益和价值。因此,从消极方面来说,要"己所不欲,勿施于人",凡是自己不喜欢遭受到的事情和状况,自己就不要将之强加到别人身上;从积极方面来说,则要"己欲立而立人,己欲达而达人",自己想要建立和发达的和谐、健康、富裕、美满、幸福人生和事业,也要努力帮助他人和团体建立和发达起来。泛爱众无论是从消极或积极方面进行,儒家还主张,最好能从自己身边的人开始做起,例如家人、亲友、同事,然后再推展到关系较远的人,例如同乡、同胞、同族、人类,甚至动植物、大自然和环境。孔子在《论语》中说:"能近取譬,可谓仁之方也。"就是这个道理。

儒家对于泛爱众的仁道思想非常提倡,认为每一个人都应该具备和实践,尤其是居于社会精英地位的君子和士人,更负有重责大任。在《论语》中,孔子认为,君子在日常生活中,不能一时一刻违背仁;在匆促慌忙或遭遇困难挫折时也应如此,在艰难困顿甚至颠沛流离的环境中还应如此。(原文:"子曰:君子无终食之间违仁,造次必于是,颠沛必于是。")孔子的学生曾子也说,一个有志于实践大道的士人,要具备弘大而坚毅的德性,因为他的责任很重大而道路很长远。他把实践仁当作自己的责任,这不是责任很重大吗?终生实践仁至死才停止,这不是道路很长远吗?(《论语》:"曾子曰,士不可以不弘毅,任重而道远。仁以为己任,不亦重乎?死而后已,不亦远乎?")当每一个人把实践仁作为自己终生的志业时,就会成为更伟大的人。作为父母亲,如果全心全意爱家人、爱家庭、爱亲友,就会成为更伟大的父母亲。

如何实践泛爱众？

实践泛爱众，儒家主张，无论是爱自己、爱他人和爱团体，都要运用正当合宜的方法，也就是一般通称的义行。一般说来，在爱自己时，由于私人利益和欲望的驱使，有时会运用不正当不适宜的方法，务必要坚守原则极力避免。所以，孔子在《论语》中说："富与贵，是人之所欲也，不以其道得之，不处也。贫与贱，是人之所恶也，不以其道去之，不去也。"意思是说，富与贵是人人所喜爱的，如果不遵循正当的道理和方法，即使可以得到也不取。贫和贱是人人所厌恶的，如果不遵循正当的道理和方法，即使可以避去也不避去。此外，孔子还在《论语》中强调，不以正当合宜的义行所得到的富贵，在我看来像天上的浮云一样，我是毫不关心和重视的。（原文："子曰：不义而富且贵，于我如浮云。"）

如何运用仁道思想实践泛爱众，儒家首先提出"仁、义、礼、智、信"的系统性做法。要实践仁道，孔子在《论语》中说，要以义行为本质来待人处事，在实践义行时要合乎礼制，言语和行为要谦逊，并以诚信来成就事功，这样才算是君子。（原文："子曰：义以为质，礼以行之，孙以出之，信以成之。君子哉。"）对于智，子夏在《论语》中说："博学而笃志，切问而近思，仁在其中矣。"也就是说，一个人能够广求知识而笃志于道，能对行己立身的道理加以深切审问而慎思，就会知道怎样实践仁道了。因此，实践泛爱众的仁道思想，每一个人都要发扬光大"胸怀仁，履义行，尊礼制，用智慧，行笃信"的仁道系统，这样更能达到整体性、全员性、全面性和永久性的系统性效果。

儒家对于礼非常重视。礼是古代典章制度和行为规范的总称，包括礼貌、礼节、礼仪、礼制、礼法、义理、伦理、道德等，要在日常的生活和行为中尽心尽力遵循和实践。儒家特别强调，实践泛爱众的仁道，务必要合乎礼。《论语》记载，颜渊向孔子请教如何实践"仁"，孔子说，实践"仁"，就是要克制自己及循礼实践。一个人能做到这个地步，天下的人就会认为他是仁人了。仁是要自己实践出来的，并不是可以依靠别人的。（原文："子曰：克己复礼为仁，一日克己复礼，天下归仁焉。为仁由己，而由于人哉。"）仁是一种克己为人的利他行为，而利他则要通过克己及循礼来实践。行仁如果不依礼，可能因杂乱无章而无法真正发挥效果，甚至因违背礼法而产生不良的后遗症。

除了克己复礼而外，为了更加发挥以泛爱众而行仁道的效果，儒家还提出一些其他做法，可供大家在实践时参考。在《论语》中记载，孔子的学生子张问仁于孔子，孔子说，如果能做到恭敬、宽厚、诚信、勤敏、惠爱，就可以做到仁了。孔子接着还说，恭敬就不至于遭到侮辱，宽厚就可以得到人心，诚信就能为人所信赖，勤敏就能成就事功，惠爱就可以使人为己所用。（原文："子曰：恭则不悔，宽则得众，信则人任焉，敏则有功，惠则足以使人。"）此外，孔子在《论语》中还说，刚正无欲，坚毅果断，质朴实在，讷言彻行，这四种德行，都是与仁相接近的。（原文："子曰：刚、毅、木、讷，近仁。"）孔子的学生曾子，归纳孔子一以贯之的大道说："夫子之道，忠恕而已矣。"意思是说，老师仁道的精髓，就是尽忠行恕而已。

在现代如何实践泛爱众？

在现代社会中，要实践泛爱众的仁道思想，最好先从利益和价值的角度，了解人性的需求到底是什么。美国心理学家马斯洛（Maslow）对此有深刻的研究。他认为，人性的需求由低而高呈阶层性推展，分为五个层次。人性需求最基本的层次是生理需求，包括食、衣、住、行、育、乐等方面，希望能有越来越好的享受；第二层的需求是安全需求，希望能确保安全、和谐、安定和平安；第三层是社会群体需求，希望自己和社群都能和谐共处及共存共荣；第四层为自尊需求，希望能拥有自信、自尊、受人尊敬，以及有参与感和成就感；第五层为自我实现需求，希望能发挥所长、发展潜力及不断成长发展。当实践泛爱众时，对于自己和他人各阶层的人性需求，都要同时兼顾和满足，不能只在最基本的生理需求上下功夫，最好更加注重高层次的需求。

要实践泛爱众的仁道思想，很多人认为私利和他利、公益互相有矛盾，或认为他利和公益会损害私利。在中华文化中，私利通常称为利，他利和公益则称为义。儒家认为，义和利可相互为用及相辅相成，也就是义利相生。每一个人的所作所为，通常总是在满足自我的人性需求，但当在为自己的私利而努力时，如果也能兼顾他人和团体的需求和利益，就会获得他人和团体更多的认同与回馈，自己反而能得到更大的利益。而当私利与他利、公益互相冲突时，切不可只是自私自利，最好能针对共同利益和目标的部分，努力协同达成；而对于互相矛盾和冲突的部分，则要考虑对方的利益、立场和困难，彼此尽力取得最佳的协调；如果还能进一步以公益为优先，必能得到他人更多的赞赏、佩服与回馈。

这种兼顾他利、公益及以公益为优先的理念，在现代社会中称为社会使命感理念。如果大家都有社会使命感，除了会使整个社会更能持续成长发展外，每个社会成员也必能在彼此的互动和回馈中受益更多。所谓社会使命感，除了完成对自己人性需求的使命外，还要同时完成对他人和团体的使命。因此，就家庭而言，家庭中的每一个人，除了对自己的使命而外，对其他家人的人性需求，以及对家庭和谐与兴旺的目标，也都负有使命。就企业而言，企业中的每一个员工，除了对自己的使命而外，对企业的成长和发展，对其他同事的人性需求，对客户的需求、满意和感动，对供应商的成长和发展，对社会、国家、民族和世界的和谐、健康和繁荣，也都负有使命。在现代要实践泛爱众，最好能努力发扬光大社会使命感的理念和实践，这也已经在全世界达成普遍的共识。

儒家提倡泛爱众的仁道思想，在现代最好发扬光大社会使命感理念，非常符合全人类的人性需求，值得大家努力实践和提倡。孔子对此主张，一个人应该立志弘扬社会使命感的大道，以德行和义行为准则依据，以仁心和大爱为依托，运用最有效的知识、智慧和方法去实践。（《论语》："子曰：志于道，据于德，依于仁，游于艺。"）现代社会已经进入全球化时代，彼此往来和人际关系愈来愈密切而复杂，如果大家努力推动泛爱众的使命感理念，在大家互利共荣的协同合作下，必能使个人、家庭、事业、社会和世界，都能在不断成长和发展中更加成功、幸福和美满。

《弟子规》中爱行的实践

如何爱人和被爱？

　　《弟子规》基于儒家"仁、义、礼、智、信"的核心思想系统，是为人处世和做人做事的行为准则，也是儒家文化、中华文化及世界文明的实践和起点，其中最主要的精神就是"爱"与"敬"。因此，《弟子规》在首孝悌、次谨信之后，紧接着提出"泛爱众"，然后再提出"而亲仁"及"则学文"。由此看来，泛爱众在《弟子规》中居于中央的关键地位，是前面孝悌、谨信和后面亲仁、学文的基础，也使前面和后面互相呼应连成一气，起到承上启下的作用。从古今中外的历史发展来看，由于普遍而深入地实践泛爱众的大爱思想，世界文明才能不断成长和发展。在未来，如果大家都能继续加强实践泛爱众，世界必然会越来越光明和幸福。

　　泛爱众不能只是一种思想和心态，更重要的是要认真努力实践，落实为"爱行"，如此才能真正发挥效用。在《弟子规》中，爱行的实践，共21则，可分类为仁者爱人、劝善建德和推己及人三个部分。其中，仁者爱人部分，共4则，内容如下：

　　"凡是人，皆须爱；天同覆，地同载。行高者，名自高；人所重，非貌高。才大者，望自大；人所服，非言大。己有能，勿自私；人所能，勿轻訾。"

　　《弟子规》在爱行中，首先强调为什么除了对自己的小爱之外，还要努力对他人和团体发挥大爱。最主要的原因，就是因为大家都生存在同一个天空之下和地球之上，唯有大家互爱互敬，彼此诚心诚意互相帮助及分工合作，才能共创及扩大彼此的利益、价值和幸福。对于这一个观点，道家的老子在《道德经》上主张，道、天、地、人在宇宙之中都是很伟大的，合称为四大。既然所有的人都与道、天、地一样平等同样伟大，因此大家对自己对他人都要付出同等诚挚的大爱。而佛家则主张，每一个人的本性真如都是同样光明的。因此，对每一个人都要慈悲，通过全心全力的无私奉献，不分关系亲疏缘分深浅，同样都要给他人安乐（"无缘大慈"），还要设身处地感同身受般地解人苦难（"同体大悲"）。在现实世界中，大家在彼此间，确实有亲疏、地位、贫富、知识、能力、智慧等的区别，免不了会有分别心。但基于大家的根源和本性都一样的观点，这种分别心越少越好。

在社会的现实中，既然彼此对待的分别心在所难免，所以每一个人最好还要不断提高自己的学识、才能、智慧和成就，一方面可减少降低别人对自己的差别心，另一方面可由此吸引而获得别人更多的关爱与尊敬。因此，《弟子规》在提倡大家都是人所以要互爱的基本观点之后，紧接着又强调，学识、修养和德行高深的人，以及才能、表现和成就卓越的人，名誉和荣耀自然会提高，这些人也会在他人心悦诚服的情况下得到他人更多的爱，所以大家应该在这些方面好好下工夫。大家真正注重的，并非是外貌、衣着、用品、汽车、房屋等外在之物，若要靠这些赢得他人的爱，通常不会是诚挚的，也不会长久。有些人喜欢自吹自擂和花言巧语，那是没用的，就算一时有用也不会长久。

要得到他人更多的爱，除了上述所说的素质和成就外，《弟子规》更强调，每个人都要不断地付出，最好做到付出的永远比得到的多。如果一个人得到的总是比付出的多，非常有可能在别人觉得吃亏的计较下，自己在以后所得到的会越来越少。反过来说，如果自己付出的永远比得到的多，则在别人持续增加回馈下，自己将会不断地得到更多。因此，《弟子规》强调，如果要得到别人更多的爱，自己的能力要尽力发挥在对他人和团体的贡献上，切勿自私自利或对他人吝于奉献；此外，对于他人的才能，要善于赞赏、配合和运用，切勿轻视、忽视、嫉妒或毁谤。

如何劝善建德？

《弟子规》在主张平等互爱及如何得到他人更多的爱之后，接着又主张劝善建德，以及避免不良的德行，这样才能爱他人更多及获得他人更多的爱。《弟子规》对于劝善建德的实践，共12则，内容如下：

"勿谄富。勿骄贫。勿厌故。勿喜新。人不闲，勿事搅。人不安，勿话扰。人有短，切莫揭。人有私，切莫说。道人善，即是善；人知之，愈思勉。扬人恶，即是恶；疾之甚，祸且作。善相劝，德皆建。过不规，道两亏。"

爱人与被爱，是一种密切互动的行为，除了要努力做到爱他人及受人爱戴外，还要尽力避免一些令人厌恶、违反道德和对人有害的行为。对此，《弟子规》特别提出一些常人易犯的缺点、过失和错误，希望大家极力避免及改正，包括不要谄媚奉承富贵的人，不要对贫穷的人炫耀和骄傲，不要讨厌贫贱的亲友，不要喜新厌旧。除此而外，当他人在繁忙不闲的时候，不要拿一些事去打搅；当他人在心神不安的时候，不要以话语去烦扰；他人有短处，切勿对别人揭露；他人的隐私机密，切勿告诉别人。这些不良的行为，如果能够积极避免及改正，自己必然会让他人更放心更欢迎，自然能获得他人更多的爱。

如何劝善建德，《弟子规》中所列举的一些不良行为，并不能包括全部。大家最好不断自我反省；对于未列举的其他不良德行，也要积极努力避免和改正。除此而外，《弟子规》还提出一些更进一步的做法，包括要努力表扬他人的优点和善行，他人在知道之后就会更加自我勉励精进，这可说是自己也做了善事；反过来如果揭发别人所做的恶事，这等于自己也做了恶事，如果情况严重，可能会发生灾祸；

对于善事、善行和善德，彼此要互相引导、劝导和教导，这样就可逐渐建立及提高德行；对于缺点、过失和错误，要互相规劝、指导和纠正，如果不这样做，彼此都会吃亏。如果每个人都极力避免不良的德行，尽力建设和提高优良的德行，这样必能更好地爱他人和被人爱。

如何推己及人？

泛爱众的爱行，如果要好好地加以实践，最重要的精神就是要推己及人，从自己的一切需求、立场和困难，推想到他人也可能有同样的需求、立场和困难。因此，对于好的方面，要帮助他人建立和发展起来；对于不好的方面，不要加诸到他人的身上，并帮助他人极力避免。《弟子规》对于推己及人的实践，共5则，内容如下：

"凡取予，贵分晓；与宜多，取宜少。将加人，先问己；己不欲，即速已。恩欲报，怨欲忘；抱怨短，报恩长。待奴仆，身贵端；虽贵端，慈而宽。势服人，心不然；理服人，方无言。"

实践推己及人，最好能换位思考，设想如果我是对方，我会有怎样的感受和怎么做，也就是将心比心。所以，《弟子规》主张，不论是自他人处获取或给予他人，都要清楚明白，以免互相猜疑或发生误会；给予他人最好能更多，自他人处获取最好尽量减少，这样就会显得自己气度恢宏，他人也会对自己更放心及感谢，自己也会更有信心和底气。此外，《弟子规》还主张，如果他人对自己有恩惠，要努力尽快报答，而且报恩时间越长越好；如果自己对他人有抱怨或怨恨，最好能够不计较，尽快加以忘记，如果真要抱怨则时间越短越好；对待在家里做劳务工作的阿姨等人，主人的行为要端庄及尊重，对他们要慈爱及宽厚。大家如果能够做到这些，彼此之间应该更能互爱及互敬。

人与人之间，彼此是否能够心悦诚服，对于能否真正互爱与互敬，具有决定性的作用。《弟子规》对此主张，如果以威势来压制他人，他人的内心一定颇不以为然，心里不会真正服气；如果以道理来服人，他人应该就无话可说。当然，如果再加上美德和感情，他人应该会更加内心欢喜诚心服从，真正地心悦诚服。

要做好推己及人，依照笔者的见解和体验，首先要知己知彼，对自己和他人要努力了解、理解和谅解，有需要时要宽恕和原谅，这样可对后面的恕道和仁道建立好基础；其次要己所不欲勿施于人，孔子称此为恕道；再更进一步则要尽心尽力做到己立立人和己达达人，孔子称之为仁道，并强调恕道和仁道是每一个人都应该终身实践的大道。推己及人是实践仁义之道非常重要的精神，大家要努力加以实践、推广及发扬光大。

爱行思考实践的关键要点

用泛爱众拥抱世界

1. 儒家和其他各家都极力主张,每一个人除了爱自己之外,更要致力于爱他人和爱团体,也就是以泛爱众拥抱世界,由此而共创彼此和团体最大的利益和价值。要做好泛爱众,最重要是要推己及人,在消极方面要己所不欲勿施于人,在积极方面则要己立立人和己达达人。

2. 实践泛爱众,无论是爱自己、爱他人和爱团体,最好运用儒家的"仁、义、礼、智、信"仁道系统,也就是要以正当合宜的义行来为人处世,在实践时要合乎礼制规范,还要运用高超的知识和智慧,并以诚信来成就事功。除此而外,最好还要贯彻谦逊、恭敬、宽厚、勤敏、刚正、坚毅、质朴和彻底等德行。

3. 在现代社会中,要实践泛爱众的仁道思想,首先对于自己和他人的各阶层人性需求,都要同时兼顾和满足。若再进一步,则要义利相生,在满足私利时,同时兼顾和发挥公益,甚至以公益为先,也就是要发扬光大社会使命,使个人、家庭、事业、社会和世界持续共同成长和发展。

《弟子规》中爱行的实践

1. 泛爱众不能只是一种思想和心态,更重要的是要认真努力实践。因此,《弟子规》首先提出,大家都生活在同一天地之中,彼此要互爱互敬共创利益;接着又主张,要不断提高自己的学识、才能和成就,以及发挥自己的才能,努力为他人和团体做出贡献。如果能做到这样,就能获得别人更多的关爱和尊敬。

2. 爱人与被爱,是一种密切互动的行为,除了要努力做到爱他人及受人爱戴外,《弟子规》还主张,要尽力避免一些令人厌恶、违反道德和对人有害的行为,更进一步还要努力表扬他人的优点和善行,对于善事、善行和善德要互相引导、劝导和教导,对于缺点、过失和错误要互相规劝、指导和纠正。

3. 实践泛爱众的爱行,最重要的精神是推己及人。《弟子规》主张,最好能换位思考及将心比心,例如获取给予要清楚明白、要给人更多获取更少、报答恩惠要快而长、对怨恨不计较及尊重下人等;此外还更进一步主张,要以道理、美德和感情来待人,让大家心悦诚服。

案例一：比尔·盖茨设立慈善基金会

一、案例

比尔·盖茨在个人电脑兴起初期，于美国西雅图创立微软公司，在该领域取代IBM公司，成为电脑业巨擘，至今仍居于行业内领军地位。比尔·盖茨担任微软公司首席执行官，公司股票上市后，公司规模不断扩大，公司股价节节上涨，比尔·盖茨也成为世界首富。在2000年，比尔·盖茨与夫人梅琳达决定捐出数百亿美元，成立比尔和梅琳达·盖茨基金会，由比尔·盖茨亲自领导，在世界各地从事慈善公益事业。自此之后，比尔·盖茨逐渐淡出微软公司，专心经营基金会的会务，不断扩大基金会的功能和效益。

比尔和梅琳达·盖茨基金会规定，只接受私人以个人支票、现金和汇票形式的捐赠，不接受来自组织的捐赠，只接受无任何条件的捐赠，也不会赋予捐赠者参与基金会决策的权力，以及不接受通过电话和互联网的捐赠。成立十余年来，该基金会所资助的项目又多又大，包括与全人类健康相关的项目如艾滋病、肺结核、小儿麻痹、疟疾、生育保健、儿童保健、马桶革命、改造厕所等，全球疫苗及免疫联盟，儿童疫苗计划和印度洋大地震赈灾活动，以及捐助教育事业、图书馆和设立奖学金等。由于成效卓越表现杰出，许多富豪如巴菲特等都向该基金会捐赠巨额款项，联合国人口基金会也于2010年3月颁给该基金会联合国人口奖。

二、案例分析

人类在群居社会中生活，如何持续促进自我、他人和团体的成长与发展，数千年来的先贤圣哲几乎都主张，每个人除了爱自己外，还要致力于爱他人和爱团体。这样，一方面在彼此互相回馈中会得到更多，另一方面在更大更多的团体利益中也会分享更多。因此，儒家主张仁者爱人，佛家主张以慈给人安乐以悲解人苦难，道家主张以慈为宝和慈故能勇，基督教主张博爱世人。这种泛爱众的思想，已经成为普世价值观。如何才能做好泛爱众，最主要是要推己及人，将爱己之心推展到爱他人和爱团体。对此儒家主张，在消极方面要己所不欲勿施于人，不将自己不想遭受到的烦恼和痛苦加到别人身上；在积极方面要己立立人，己达达人，帮助他人和团体建立平安喜乐和解决灾殃苦难。

在现代社会中，企业的角色非常重要。企业家和员工透过企业的产品和服务来贡献社会，一方面为企业创造利润，一方面为自己创造财富。为了使社会更美好和发展，许多人都认为，利润和财富既然取之于社会也应用之于社会。比尔·盖茨创办微软公司，促使电脑科技快速发展，对世界贡献良多；自2000年起又捐出数百亿美元，成立基金会并亲自经营，从事慈善公益事业。这种泛爱众的精神和做法，非常令人佩服，许多企业家也纷纷仿效。为了扩大这种善行，在数年前，比尔·盖茨和好友巴菲特还一起到世界各国，号召企业家承诺在过世后捐赠财产至少50%，作为慈善公益事业之用，在中国也有不少企业家积极响应。

成立基金会从事慈善公益事业，是以正式的组织来募集善款和推动事务，比较能汇集力量产生效益，更能达到泛爱众的效果，在全世界十分盛行，其中最普遍的是红十字会。在中国，慈善公益组织大部分具有官方色彩；在国外，则大部分是民间组织。近年来，政府也开始开放成立民间组织，必将能激发出更多的慈善公益事业。深圳壹基金公益基金会是中国第一家拥有独立从事公募活动法律资格的民间基金会，于2010年在深圳注册成立，由上海李连杰壹基金公益基金会及其他四家基金会各出资人民币1000万元组成，以"尽我所能，人人公益"为愿景，专注于灾害救治、儿童关怀、公益人才培养三大公益领域。壹基金会的成立和运作，颇具有指标性作用，希望社会各界贤达在政府支持下，多多成立慈善公益基金会，共襄盛举。

在中国台湾，慈善公益基金会大部分是民间组织，其中规模最大的是慈济功德会。该会由佛教法师证严上人创办，其范围涵盖慈善、医疗、教育、文化、国际赈灾、骨髓捐赠、环境保护和小区志工等领域。慈济功德会除了接受企业界和各界捐赠外，最主要的募款方式是普招会员按月捐款，让人人有机会时时做功德。目前全世界会员已超过100万人，由数万慈济委员按月分别收款。会员除了捐款外，还可投入人力作为志愿者，参与慈善公益活动，其中慈诚委员万余人更是出大钱出大力。该会成立数十年来，除了中国台湾以外，还在世界各地投入许多赈灾活动，包括中国大陆、南非、蒙古、阿富汗、朝鲜、土耳其、东南亚及中南美洲各国和地区，救援项目包括物品、衣物、房屋修建、义诊，以及援建敬老院、儿童福利院和中小学校等。除了慈善事业外，慈济功德会还创建医疗、教育和文化事业，包括慈济医院数所、慈济技术学院、慈济大学、大爱电视台和《慈济月刊》等。慈济功德会凝聚大家泛爱众的力量，操作绩效十分卓著，深得民众信赖和尊崇，可作为学习的典范。

案例二：王永庆经营企业造福社会

一、案例

王永庆于1917年出生于台湾，小学毕业后曾到茶园当杂工，再到米店当学徒，后来开设米店和木材厂。自1954年开始，王永庆先后创立台湾塑胶、南亚塑胶、台湾化纤、台塑石化等公司，以及长庚医院和明志科技大学等，每一家都成为行业内的佼佼者，统称为台塑集团。除此而外，王永庆还到美国得克萨斯州并购一家石化公司，重整后成为世界最大的PVC厂。在大陆，王永庆也设立了几家工厂。台塑集团的规模十分庞大，王永庆也成为台湾大富豪之一。台塑集团以客户至上、勤劳朴实和追根究底作为企业精神，运用制度管理、压力管理和奖励机制，创造了辉煌的经营成果，其他企业也纷纷加以仿效，王永庆因此被尊称为台湾的"经营之神"。王永庆到90岁才正式交棒，于2008年在美国巡视工厂途中逝世，享年92岁。

王永庆在台湾声望极高，对台湾经济发展的贡献非常大，也常对台湾当局提出经济建设的建言，造福社会甚巨。除此而外，王永庆还非常热心慈善公益事业，他提出要在大陆援建一万所希望小学；在大陆设立的"长庚奖学金"，也使不少学生受惠。在2008年汶川大地震，他和弟弟王永在决定由企业捐款人民币一亿元用于灾后重建。在台湾，王永庆也设立了以父母冠名的"王长庚社会福利基金公益信托"和"王詹样社会福利基金公益信托"，两者的基金规模超过新台币100亿元，从事社会慈善公益事业，委托银行操作执行。这种做法，引起许多企业老板仿效，使公益信托蔚为风潮。

二、案例分析

在现代社会中，要实践泛爱众的爱行，最主要是要满足大家的人性需求。美国心理学家马斯洛经过深入研究分析，提出人性需求阶层理论，认为人性需求由低而高分为五个层次，包括食衣住行育乐的生理需求，个人和团体的安全需求，社会归属、成长和发展的社会需求，自尊、受人尊敬、参与感、成就感和荣誉感的自尊需求，以及潜力发挥和个人成长发展的自我实现需求。捐助善款推动慈善公益事业，可以扶危济困、赈灾解难和扶助弱小，确实功德无量，大家最好都能热烈响应。但实践泛爱众，比慈善公益还更重要的是发挥社会使命。也就是说，大家在从事各行各业时，务必要努力通过所提供的物品和服务，增加及提高他人和社会的利益、价值与福祉。如果慈善公益和社会使命都能齐头并进，那就更能相得益彰。

企业家和员工经营管理企业，除了为企业创造利润外，还应该通过企业平台，努力发挥企业的社会使命，包括提供物美价廉让消费者又满意又感动的产品和服务，满足其人性需求；不断促进企业的成长和发展，扩大企业规模，提高企业管理水平，提高就业率；努力培训及领导员工，提高员工水平，使员工不断成长发展；尽力与企业的上游和下游共同密切合作，发展工商业和经济；缴纳税捐，充裕国家财政，提高国家经济力量。而在善尽这些社会使命的过程中，则要努力避免社会污染和危害安全。企业如此，其他各行各业也应如此。以敬业乐群发挥事业的社会使命，为社会和大众造福，是实践泛爱众最重要的课题。

经营企业最基本的使命是为企业本身创造利润，而每个人在满足人性需求时也同样要先自利。很多人认为，自利与他利间，自利与公益间，常常会互相矛盾和冲突，不知应该要怎样才好。在数十年前，笔者曾经就此问题请教修道方面的师父，师父说："你应该求大名求大利。有大名之后，你说的话大家才相信；有大利之后，你才有能力做应该做的事。大名大利善用在社会公益上。切记，切记。"师父的教诲有如醍醐灌顶，经多年实践，笔者深深感觉到，每个人在努力求名求利的过程中，应该同时努力发挥社会使命，为社会和大众创造最大的利益、价值和幸福；而在有了大名大利之后，还应将大名大利善用在慈善公益上。在中华文化中，为自己创利称为利，为他人和社会贡献利益称为义。儒家主张，大家要见利思义、见得思义、义利相生和义在利先，就是这个道理。

王永庆经营台塑集团，企业规模十分庞大，所属各家公司都成为行业中的佼佼者。台塑集团经营企业非常注重发挥企业的社会使命，致力于满足员工与社会大众的人性需求和推动工商经济的发展，同时也很注重防治污染，对经济建设产生巨大的贡献。台塑集团运用现代管理和优良的企业文化，经营管理非常成功，形成所谓"台塑管理模式"和"王永庆管理模式"，许多企业纷纷加以仿效，提高了各企业的管理水平和绩效。此外，王永庆也成立公益信托基金，从事慈善公益事业，实践了"取之于社会，用之于社会"的宝训。王永庆通过经营企业和从事慈善公益事业贡献社会，奋斗一生死而后已，真正做到了义利相生的理想境界，甚至做到儒家所标榜的"仁以为己任，死而后已"的大仁大义境界。王永庆被尊称为台湾的"经营之神",确实当之无愧,非常值得作为大家学习的典范。

六亲仁 讲天意 真在迹

第六章

儒家"仁、义、礼、智、信"的仁道思想系统，简称为"仁义之道"，最重要的是要普遍而彻底地加以实践及推动，也就是要"亲仁"。要真正做好亲仁，对于仁义之道，每一个人除了本身认真努力实践之外，还要与他人密切结合共同实践，以及对社会大众普遍提倡与推广。因此，大家都要努力修身，把自己塑造成为兼具"智、仁、勇"三达德的君子，并致力于齐家、治国、平天下。

在实践和推广仁义之道时，儒家主张运用德政管理，如此才能获得大众的认同和拥戴。所以，为政者一方面要努力为民众造福，一方面还要以自身为表率匡正和激励民众。德政管理的策略要敬事而信、节用爱人和使民以时，实践的方法要运用兴礼守法、义利相生、知人善任和兴教育人。这些策略和方法，对于治理国家及管理家庭和事业，都非常适用。

在《弟子规》中，对于如何实践亲仁的做法，共四则，可分为成为仁者和亲仁进德两部分。实践仁义之道，最好大家都要努力修身成为具有仁者风范的君子，认真努力加以实践；此外，还要亲近仁贤的益友和上级，大家紧密结合起来，同心协力共同推动，发挥团队的力量，产生事半功倍的效果。

实践仁义之道

君子如何实践仁义之道？

中华文化以儒家思想为主流，以仁道思想为核心，运用"仁、义、礼、智、信"的思想系统，数千年来成就了礼义之邦的伟大中国。中国在宋代以前，常常是全世界最文明最强盛的国家，尤以汉唐两朝为最。近代自清朝鸦片战争以来，因为种种原因，国势衰颓约200年。但中国自改革开放以来，至今仅三十余年，经济发展突飞猛进，再度成为世界强国。中国数千年来如此文明昌盛，于沦落后又能如此快速崛起，最主要的原因，是因为拥有源远流长、光辉灿烂的中华文化。因此，如果大家能够更加继续努力发扬光大儒家思想，配合其他中华思想智慧和西方科学文明，相信中国必能更快速复兴，并对全世界的文明发展发挥更大的贡献。

儒家的"仁、义、礼、智、信"思想系统，可简称为"仁义之道"，最重要的是要普遍而彻底地加以实践及推动，尤其是社会精英，如政府官员、学者专家、各级主管等，更负有重责大任。因此，《君子道》和《弟子规》在泛爱众之后，紧接着提出"而亲仁"。要真正做好"亲仁"，首先本身要认真努力实践仁义之道，其次还要结合他人共同实践仁义之道，再次要对社会大众提倡及推广仁义之道。所以，儒家主张，每一个人都要努力修身，把自己塑造成为德才兼备的君子。如何做好修身，也就是修习好知识、智慧、品德和行为，儒家在《大学》中主张，要次第做好穷究事物真理（"格物"）、推极知识和良知("致知")、诚挚心意不自欺("诚意")及端正意念和良心("正心")。以此次第做好修身之后,每个人还要通过自己的奉献,以及结合他人的力量,致力于建造和谐兴旺的家庭("齐家"),治理国家达成民富国强的目标("治国"),以及促进世界和平、健康和繁荣("平天下")。

儒家主张人人都要努力修身成为君子,这样才能更好地实践仁义之道。君子所要努力修习的内容,孔子主张,最主要应该包括智、仁、勇三种德行,在《中庸》中称之为三达德。也就是说,要以仁为核心,以智运用仁,以勇实践仁。《论语》中记载:"子曰:君子道者三,我无能焉。仁者不忧,智者不惑,勇者不惧。子贡曰:夫子自道也。"意思是,孔子自谦说,君子之道有三条,我都没能做到。那就是,有仁义的人不忧愁,有智慧的人不迷惑,有勇气的人不畏惧。子贡说,老师说的君子正是他自己。实践仁义之道,如果能够运用知识和智慧,才能在恰当的时间、地点,用恰当的方法,针对恰当的对象,做到恰到好处。在实践和推动时,如果还能具备勇气,就能不怕困难、无惧毁誉及坚持到底。同时具备"智、仁、勇"三达德,才能真正成为君子。

君子以"智、仁、勇"三达德修身,除了认真学习和修炼外,更要努力对他人和团体奉献。学习可以提高奉献的能力,奉献才可以发挥君子的价值和效益。同时,在奉献的过程中,也会有更深入的学习、体验和领悟,学习和奉献实是相辅相成。在《论语》中有一段记载:"子路问君子。子曰:修己以敬。曰:如斯而已乎?曰:修己以安人。曰:如斯而已乎?曰:修己以安百姓。修己以安百姓,尧舜其犹病诸。"意思是说,子路问,怎样才算是君子。孔子起先说,要严肃认真修身,努力修好学识、品德、能力,以及努力工作,赢得大家的敬重。其后子路两次追问,难道这样就可以吗?孔子先回答,还要使周围的人安和乐利;最后又回答,还要使所有的老百姓平安、快乐和幸福,这是连尧舜都没有完全做到的。由此看来,君子不能只是以内圣而独善其身,同时更要以外王而兼善天下。

君子如何推动仁义之道？

君子具备高深的学问、高超的智慧和高尚的德行，最好将仁义之道努力实践在自己的人生和事业上，以及对他人、社会、国家、民族和世界的奉献上，这样才能彰显君子的价值。孔子一向非常注重实践，认为君子应该少说多做（"君子欲讷于言而敏于行"），如果对于所说的话或所承诺的事没有做到，君子便会感到羞耻（"君子耻其言而过其行"）。而若要考核一个人，孔子在《论语》中又说："听其言而观其行。"也就是说，除了听他所说的话以外，还要观察他的行为是否与所说的一致。所以，对于仁义之道，不能只是在口头上说，本身还要努力实践，以及协同他人共同实践，这样才是真正的君子。

对于君子应该如何实践仁义之道，孔子在《论语》中举当时郑国的大夫子产作为大家学习的榜样："子谓子产，有君子之道四焉：其行己也恭，其事上也敬，其养民也惠，其使民也义。"意思是说，孔子评论子产，他有四种行为合乎君子之道，包括做人做事能恭谦认真，为君上做事能敬业敬上，对民众部属能惠爱造福，役使民众部属做事能正当合义。子产这四种君子之道，主要是用在国家治理上。事实上，其中所包含的基本原则和做法，也都可用在家庭、事业和其他各方面的经营管理上。

实践仁义之道，除了每个人都要努力实践外，如果能结合他人共同推动，更能产生巨大的效果。孔子认为，一个人如果努力做好仁义之道，就能吸引其他的人共同来推动。所以，孔子在《论语》中说："德不孤，必有邻。"除此而外，孔子还主张最好能与志气相投的有志之士共同推动。《论语》记载，子贡问如何推动仁义之道，孔子说，工匠要做好他的工作，必须先把工具置备完善。居住在一个邦国里，应该在仁贤的官吏下服务，并与有仁德的人士做朋友。（原文："子贡问为仁，子曰：工欲善其事，必先利其器。居是邦也，事其大夫之贤者，友其士之仁者。"）而所居住和服务的邦国，孔子还主张，最好是仁义之邦。（原文："子曰：里，仁为美。"）

在现实的世界中，大部分人都比较自私和短视，推动利他利群的仁义之道并不容易。孔子在当年率弟子周游列国，向各国推广仁义之道，也碰到许多困难和挫折。但从长期和全面的角度来看，提倡和推广仁义之道，确可同时提高个人、他人和群体的利益和价值，使大家都更幸福更美满。儒家提倡中庸之道作为心法，主要的精髓就是择善而固执。也就是说，要以知识和智慧选择仁义大道之善，以坚持和毅力固执地加以实践和推广。孔子对于仁义之道，认为要永不厌烦地去实践，而且要永不厌倦地去教导别人（"为之不厌，诲人不倦"）；甚至于做到发愤用功连饭也忘记吃，心中常保持快乐忘记忧愁的地步（"发愤忘食，乐以忘忧"）。孔子的这些精神，值得大家好好学习。

用什么方法推动仁义之道？

儒家的思想和智慧，以泛爱众的仁义之道为核心，除了"己所不欲，勿施于人"之外，更要"己立立人，己达达人"；对于每一个人，儒家希望培养人人都成为兼具"智、仁、勇"三达德的君子，致力于修身、齐家、治国、平天下。而在实践和推广这些仁义之道时，儒家则主张"德政管理"，认为如此必能获得大众的认同和拥戴，从而使大众更有意愿及更顺利地实践和推广仁义之道，并从中获得更大的利益和价值。

对于德政管理，孔子在《论语》中说："为政以德，譬如北辰，居其所而众星拱之。"意思是说，用道德来治理国政，领导者就会像北极星一样，处在它的位置上，满天星斗都环绕着它运行。德政管理的理念，基本的意义是为政者的德行和修养具有非常重要的作用，所以为政者要努力在修身正己上下功夫。为政者如果具备丰富的学识、高深的智慧和高尚的品德，一方面会以正大光明公正无私的行为，努力为民众创造美满和幸福；一方面还会以自身为表率，由上而下带动民众努力修身而自作匡正和自勉其行。所以，孔子在《论语》中说，政的意思就是正，自己先端正言行及依正道而行，还有谁敢不端正言行及依正道而行呢？（原文："子曰：政者，正也。子帅以正，孰敢不正。"）治国如此，管理家庭和事业，又何尝不然？

德政管理更深层的意义，是要推动德政，达到个人、团体及大众和谐、健康、繁荣和幸福的目标。推行德政管理的策略和方向应该如何？孔子以治理国家为例，说："道千乘之国，敬事而信，节用而爱人，使民以时。"意思是说，治理一个有千乘兵车规模的大国，第一要勤劳认真处理政事，不可掉以轻心；第二要坚守信用取信于民，用诚信完成仁义之道的目标和效益；第三要节省本身的用度和财力，不可奢侈无度；第四要尽心爱护人民，役使人民时要爱惜民力。管理家庭和事业，如果也能照这些策略和方向努力去做，必然会愈来愈兴旺、成长、发展、成功和美满。

实践和推动德政管理策略的方法，儒家在《论语》中，主要提出四种。第一种是兴礼守法，也就是除了要以道德来引导和教导之外，还要以礼法来加以规范。这样，个人和团体彼此之间才能在和谐有序的状态中得到正常良好的运行、成长和发展。第二种是义利相生，也就是每个人在求私利富贵时，还要兼顾他利和公益，同时努力为他人、社会、国家创造利益和价值。而在求私利、他利和公益的过程当中，一定要使用正当、合理和合宜的方法，也就是要合乎义理。第三种是知人善任，也就是要知人识人和礼贤下士，以及善用贤能之士，根据每个人的才能，委以适当的职务，做到人尽其才。第四种是兴教育人，为政者除了要不断提升自己的专业和人格素质而外，更要对人民不断施以教化，提高人民的素质、向心力和自动性，这样才能使彼此更加协同配合，共创美满幸福的生活。这四种推动德政管理的方法，对于在家庭和事业中推动仁义之道，也非常适用。

第六章 六亲仁 讲天意 真在迹

《弟子规》中亲仁的实践

如何成为仁德君子？

儒家提倡"仁、义、礼、智、信"的仁道思想系统，可简称为仁义之道，主张大家都要普遍彻底地加以实践及推动。因此，《弟子规》在泛爱众之后，接着就提出"而亲仁"，主张每个人除了要认真努力实践之外，还要结合仁贤人士共同实践，以及对社会大众提倡与推广。为了落实及更有效地推动仁义之道，并使每个人更卓越更幸福，儒家还主张，每一个人都要努力修身，使自己成为兼具"智、仁、勇"三达德和高深学识智慧的君子，努力为他人、社会、国家、民族做出最大最好的贡献。

儒家对于仁义之道，认为大家都应该多做少说，还要以说的比做的多为耻。《弟子规》中对于亲仁的实践，共4则，可分类为成为仁者和亲仁进德两部分。其中成为仁者的部分，共2则，内容如下：

"同是人，类不齐；流俗众，仁者希。果仁者，人多畏；言不讳，色不媚。"

《弟子规》在亲仁中，首先指出，同样是人，每个人的思想、心态、作为、素质和层次等都不相同。大部分的人在家庭和社会中，都相当现实、短视、自私和俗气，在滚滚红尘的流俗名利中随波逐流，能够成为志节高超奉献大爱的仁者很少。一个人如果能够努力修身成为仁者，大家都会对他产生敬畏。作为一个仁者，言行非常正直及实事求是，不会对人花言巧语和奉承谄媚。

儒家主张，要成为有效实践仁义之道的仁者，每一个人最好都能修身成为德才兼备的君子，包括丰富的学识、高超的智慧和高尚的品德。对于仁义之道，君子除了自身努力及结合他人实践之外，还要在家庭和社会中不断提倡和推广。近二十年来，我国各界重新重视及提倡儒家文化和其他国学智慧，甚至还形成国学热；世界上许多先进企业，也不断提倡社会使命感的理念和实践。这些，都是非常可喜的现象，值得大家再继续加强努力去推动。

如何亲仁进德？

要成为具有仁者风范的君子，除了努力自我修身与实践之外，还要尽力亲近仁贤之士，一方面向仁贤之士学习，增进学识、智慧、能力和品德；一方面与仁贤之士结合，共同推动仁义之道。《弟子规》中亲仁进德的部分，共2则，内容如下：

"能亲仁，无限好；德日进，过日少。不亲仁，无限害；小人近，百事坏。"

《弟子规》主张，如果能亲近仁贤之士，会得到很多好处，可以使自己的才德日益进步，同时使自己的缺点、过失和错误日渐减少。如果不亲近仁贤之士，会产生许多害处，会使小人更接近自己，从而发生许多坏事。

对于亲近仁贤之士，孔子在《论语》中主张，朋友的影响力很大，大家要多交对自己有益的益友，还要远离对自己有害的损友。正直的朋友（"友直"）、诚信的朋友（"友谅"）、见闻广博的朋友（"友多闻"），是对自己有益的朋友，要多多深入交往。习于谄媚不正直的朋友（"友便辟"）、徒善颜色虚情假意的朋友（"友善柔"）、花言巧语行为不端的朋友（"友便佞"），是对自己有害的朋友，要尽力设法远离。除了交朋友而外，孔子还主张，自己居住的地方，最好是仁风兴盛的地方（"里，仁为美"）；在与他人共事时，最好能在仁贤的上级之下做事，并与有仁德的士人交朋友当同事（"事其大夫之贤者，友其士之仁者"）。与益友、仁友和仁贤的上级共同推动仁义之道，相信更能发挥团队的力量，产生事半功倍的效果。

亲仁思考实践的关键要点

实践仁义之道

1. 对于仁义之道，每个人除了本身认真努力实践之外，还要结合他人共同实践，以及对社会大众提倡和推广。因此，每个人都要努力修身，把自己塑造成为兼备"智、仁、勇"三达德的君子；然后致力于齐家、治国、平天下，努力对他人和团体做出最大贡献；也就是要以内圣而独善其身，以外王而兼善天下。

2. 实践仁义之道，每个人都要多做少说，包括做人做事恭谦认真、做事敬业敬上、为大众惠爱造福及做事正当合义等；除了自身努力实践外，最好能与志气相投的有志之士共同推动。在实践时，最好运用中庸之道择善而固执，以学识和智慧（智）选择仁义大道之善（仁），以坚持和毅力（勇）固执地加以实践和推广。

3. 实践和推广仁义之道，最好的方法是德政管理。因此，为政者首先要修身正己及以身作则。而在推动德政时，则要以勤劳认真、坚守信用、节省用度、爱护大众作为主要策略，以兴礼守法、义利相生、知人善任和兴教育人作为主要方法。如此，必能获得大众的认同和拥戴，共创最大的利益和价值。

《弟子规》中亲仁的实践

1. 儒家主张，要成为有效实践仁义之道的仁者，每个人最好都能修身成为德才兼备的君子，包括丰富的学识、高超的智慧和高尚的品德。《弟子规》认为，一个人如果能够努力修身成为仁者，大家都会对他产生敬畏。而作为仁者，则要言行正直及实事求是，且不花言巧语和奉承谄媚。

2. 要成为君子，除了努力修身及实践之外，还要尽力亲近仁贤之士，一方面向其学习而增进学识、智慧、能力和品德，另一方面与其结合共同推动仁义之道。《弟子规》认为，如果能这样做，不但会才德日进、缺失日减，而且益友会更多、损友会更少。

案例一：孟子被尊称为亚圣

一、案例

在中国，孔子被尊称为"至圣先师"，孟子被尊称为"亚圣"，儒家思想也常被称为孔孟之道。孟子名轲，字子舆，约公元前372年出生于东周邹国（在今山东省邹城市），是战国时代的思想家、教育家和政治家。孟子幼年丧父，家庭贫困，曾受业于孔子的孙子孔伋（子思）的学生。孟子勤奋好学，深入研究儒家思想，结合当时的各家学说和社会状况，努力加以审问、慎思、明辨和笃行，学问日益精进，颇有创见。孟子继承和发扬光大孔子思想，与弟子共同将其言论和言行录汇编成《孟子》一书，阐扬性善论和仁政、民本、王道、德治等思想。在南宋时，朱熹将《孟子》与《论语》、《大学》、《中庸》合称"四书"并加以注释，成为家传户诵的经典，也是历朝科举考试必考的典籍，一直到清朝末年。

孟子学成以后，见到当时礼乐不兴、世局崩坏、争战频仍、民不聊生，于是向孔子学习，以士的身份游说诸侯，到过梁（魏）、齐、宋、滕、鲁等国，前后二十年，想要推广仁政、王道和民本等的政治主张。当时是战国时期，各国为力求生存、扩展领土和争权夺利，往往用合纵连横和战争霸道方式彼此争战不休，孟子的学说常被认为迂阔不现实而没有得到实践的机会。最后孟子终于退居讲学，和学生一起，共同序《诗》、《书》，述仲尼之意，并著《孟子》七篇。《孟子》行文逻辑严密气势磅礴，说理畅达雄辩滔滔，感情充沛富感染力，流传后世影响深远。孟子是孔子之后儒家最重要的代表人物，唐宋八大家之一的韩愈认为孟子是先秦儒家诸子中唯一继承孔子道统的人物。此后在各朝代均有皇帝对孟子加以封赏以示尊崇，到元代孟子被加封为"亚圣公"，以后就被尊称为"亚圣"，地位仅次于孔子。

二、案例分析

儒家的核心思想是"仁、义、礼、智、信"仁道思想系统，可简称为仁义之道。实践仁义之道，可以为个人、他人和社会创造和谐、健康、繁荣、快乐与幸福，大家都要普遍而彻底地加以实践及推动，尤其是各行各业的精英，更须以身作则。在社会上如果要更有效实践及推广仁义之道，儒家主张每一个人最好都要努力修身，把自己塑造成兼具"智、仁、勇"三达德的君子，同时通过自己运作及与他人共同协作，努力对社会做出最大的贡献，为自己、他人和社会创造利益、价值和幸福。

儒家的做人理想标准是君子之道，希望所有的人都努力修养成为君子。理想的君子表现出来的样子如何，《论语》以孔子为例，描述孔子待人温和而处事严正，威仪庄重而平易不凶猛，外貌敬肃而心境安泰。（"子，温而厉，威而不猛，恭而安。"）孔子的学生子夏则认为，君子有三种变化，看起来感觉很庄严可敬，接近他觉得很温和可亲，听他说话看他做事感觉他对自己和别人的要求都很严厉不苟。（"君子有三变，望之俨然，即之也温，听其言也厉。"）如何成为君子，儒家主张要努力修养高尚的品德、高深的学问、高超的智慧和对社会勇于奉献的情怀。也就是说，要致力于提高"智、仁、勇"三达德，以爱心实践仁义之道，以知识和智慧加以有效推动，并要不怕困难挫折勇敢贯彻到底。

每个人在社会中，基于不同的个人条件和社会环境，可用不同的方式实践仁义之道。归纳而言，方式有三种。第一种是通过所从事的职业和事业，努力为他人和社会创造利益、价值和幸福，可称为立功。第二种是端正、提高和表现自己优良的德行，作为大众的楷模，同时也督促和带动他人培养及表现美德，可称为立德。第三种是运用教学或著作，教导他人如何创造幸福及解决苦难的思想、策略和方法，一般称为立言。每一个人只要遵循仁义之道，努力做好立功、立德和立言，就算只做到其中的一部分，或只做到一些程度，都更能发挥生命的意义和价值，达到某种程度的生命不朽。

孔子被尊为"至圣先师"，孟子被尊为"亚圣"，两人的事迹颇为相近。两人自幼都发愤求学，努力修养品德和才能，成为才德兼备的君子；除了教导学生之外，也都周游列国，努力在各国推广仁义之道。就立功而言，孔子虽短暂为官，为国家建立了一些功劳，但因被昏君、奸臣和乱世所制，称不上功勋彪炳，而孟子则不曾为官。两人都怀抱伟大理想，周游列国推广仁义之道，但因时值春秋战国乱世，皆未获重用，只好怅然而归。就立德而言，两人的君子德行，都足为楷模，尤其两人都终生推广仁义之道，遭遇各种挫折与困难仍坚持十年以上，甚至到达明知其不可为而为之的地步，非常值得大家佩服与尊崇。两人最伟大而不朽之处，主要在于立言。《论语》和《孟子》以仁义之道为核心的思想和智慧，真是光辉灿烂照耀古今，不但提高了中华文明，也深深造福了全世界。古今中外的历史证明，仁义之道确是为人、处世和治国的根本要道，在春秋战国时期虽未获普遍采用，但最终还是得到古今中外的普世认同和重用，两人也因此而永垂不朽。每个人在一生中，不管从事什么行业，只要努力实践和推动仁义之道，生命就能更成功、更美满。

案例二：李斯被损友赵高陷害

一、案例

李斯是战国末期楚国上蔡（今河南上蔡）人，是秦朝著名的政治家、文学家和书法家。李斯早年到齐国拜荀卿（荀子）为师，学习治理国家的帝王之术，学成以后到秦国谋求发展。李斯在秦国受到秦相吕不韦的重用，担任秦国官员，有机会接近秦王嬴政。李斯劝说秦王采取灭诸侯成帝业的计策，持金玉离间各国，又上书《谏逐客令》阻止秦王驱逐各国客卿，对秦灭六国帮助甚大，因此官位步步高升。秦统一天下后，李斯与众臣尊秦王嬴政为皇帝，并制定国家的礼仪制度，后被任命为丞相。李斯深得秦始皇信任，建议秦始皇废除历来的分封制度，采用郡县制，还销毁民间的兵器，加强中央集权制度，巩固国家统一和社会发展。此外，李斯还推行统一文字、度量衡、货币和车轨，并修筑驰道和交通网，以及推动颇受后人争议的禁止私学和焚烧民间书籍。李斯的主张，奠定了中国两千余年来政治制度的基本格局，对中国产生了深远的影响。

秦始皇三十七年（公元前210年），秦始皇在第五次东巡途中患重病，当时丞相李斯、掌符玺令事的中车府令赵高和秦始皇幼子胡亥偕同出巡东游。秦始皇病故后，李斯怕天下大乱及诸皇子争夺皇位，严密封锁消息。赵高在适当时机，力劝李斯合谋伪造诏书立胡亥为帝，并下假诏命令秦始皇长子扶苏自杀。李斯起先严词拒绝，但因害怕失去权位不得善终，在赵高蛊惑下终于同意。胡亥即帝位为秦二世后，赵高升任郎中令，仗恃秦二世的宠信，独揽大权结党营私。秦二世不久就穷奢极欲沉湎酒色，深居宫中不理朝政，将许多大事委由赵高决断。其后，赵高为争夺相位，时时设计陷害李斯，后来还诬告李斯父子谋反。李斯在严刑拷打下被迫承认谋反，于秦二世二年（公元前208年）被腰斩于咸阳，并被诛灭父、母、妻三族。在赵高乱政之下，中国各地群雄并起。后来赵高计逼秦二世自杀，拥立子婴为秦王，子婴不久又计杀赵高并诛其三族。不久之后，刘邦率军队攻进咸阳，秦朝终于灭亡，在楚汉相争之后，由刘邦建立汉朝，开启中华盛世。

二、案例分析

在社会中，要有效实践及推动仁义之道，除了自我努力之外，最好还要结合与自己意气相投的有志之士共同推动，在彼此的互相合作、支援和协助中，发挥更好的效果。所以，儒家主张要好好结交对自己有益的朋友，包括正直的朋友、诚信的朋友和见闻广博的朋友；

要远离对自己有害的朋友，包括习于谄媚奉承而不正直的朋友、徒善颜色虚情假意的朋友和花言巧语行为不端的朋友。（"益者三友，损者三友。友直，友谅，友多闻，益矣。友便辟，友善柔，友便佞，损矣。"）此外，儒家还主张，环境也很重要，所以每个人选择的居住地最好在有仁义之风的地方（"里，仁为美。"）在做事业时，最好在仁贤上级之下做事，并与有仁德的人交朋友。（"事其大夫之贤者，友其士之仁者。"）

李斯可以说是很干练的政治家，先是辅助秦始皇完成统一六国的大业，其后在秦朝统一中国后担任丞相，政绩也相当卓著。李斯辅佐秦始皇，在政治上制定国家礼仪制度，废除分封制度采用郡县制；在文化上，禁止各国古文字，先后规定小篆和隶书为统一文字；在经济上，统一度量衡和货币；在交通上，以京师咸阳为中心修建宽大的驰道和交通网，并规定统一的车轨。这些举措，对于巩固国家的政权和统一，促进经济和文化的发展，都做了杰出的贡献。此外，李斯还是文学家和书法家，文章论证严密，气势贯通，洋洋洒洒如江河奔流；书法也十分精妙，被誉为大篆入神小篆入妙。这样杰出的人物，本可在历史上留下美名受人尊崇，但因个人权位考虑，受损友赵高怂恿及蛊惑，与赵高合谋伪造诏书，最后还被赵高陷害及诬告，以致惨遭腰斩及诛三族，还落下千古骂名，数年后秦朝也被灭亡。一失足成千古恨，令人十分慨叹。由此可见，损友务必要远离，如果不得不相处或同事，自己也要坚持正气和正道，切不可受其煽动诱惑而误入歧途。

在朋友之间，要多交益友远离损友。如果作为上级，则要重用忠诚的下级，摒除奸诈的下级，否则必然贻害无穷。齐桓公原来是春秋时期齐国的明君，但晚年开始腐化，宠信奸臣易牙、竖刁和开方三人。齐桓公想尝人肉的美味，易牙不惜杀了儿子烹肉给齐桓公吃；竖刁为了亲近齐桓公，主动阉割自己成为宦官；开方为讨好齐桓公，15年不回家看父母。齐国贤相管仲对他们的各种奸巧作为十分反感，力劝齐桓公不可宠信这些不仁不义的人，但齐桓公听不进去。后来齐桓公生病，当时管仲已死，这些奸臣关闭宫门，对齐桓公不理不睬，最后齐桓公终于悲惨饿死。在历史上，由于国君昏庸或荒淫无道，导致奸臣乱政而祸国殃民的例子不少，非常值得大家警惕。作为上级，每一个人对于部属，务必考察忠奸明辨是非，切不可宠信奸臣而害人害己。

作为长辈，要善尽责任以仁义之道培养儿女或晚辈。孟子幼年丧父，母亲含辛茹苦抚养教育孟子长大。为了让孟子在优良的环境中长大，孟母曾三次搬家，从墓地旁搬到市集再搬到屠场旁，年幼的孟子与小伙伴玩哭丧、吆喝买卖、杀猪的游戏，孟母认为十分不妥而又搬家，最后搬到学校附近，孟子学习以礼相待和读书求学，孟母很高兴，终于不再搬家。孟母对孩子教育非常认真严格，有一段时间孟子不认真读书有时还逃学，孟母很生气，拿起刀来将织布机上的经线割断，告诫孟子说："线割断就无法织布，你不刻苦读书就无法成为有用之材，将来就算不做强盗，也会论为厮役。"孟子深受感动，从此旦夕勤学，终于成为儒学大师。孟母三迁和断织教子的故事，给予后人很大的启示。孔子和孟子都是伟人，两人都是幼年丧父，幼年主要靠母亲抚养和教育，两人的母亲都是伟大的母亲。两人都专注于为国为民推广仁义之道，还都周游列国超过十年，两人的妻子在家中持家育儿，必然十分辛苦，也都非常了不起。让我们向他们两人的母亲和妻子致敬，也祝愿天下的母亲和妻子能像他们的母亲和妻子一样的仁良贤慧。

七 学文　明哲义　理在晰

每个人都希望有名有利、受人尊崇、家庭美满、事业成功，以及对家庭、社会、国家、民族、世界做出卓越的贡献。因此，大家都要努力"学文"，一方面认真学习和修身，提高人格素质与专业素质；另一方面致力奉献于齐家、治国、平天下。通过持续不断的努力学习和奉献，才能永续提高生命的素质，以及发挥生命的价值，使自己、他人和团体更幸福更美满。

有效的学习，最好能运用全方位学习，内容包括专业学识、人格品德和身心修炼三方面，并以中华智慧结合现代科学与管理，努力做好博学、审问、慎思、明辨、笃行的为学次第。有效的奉献，最好努力实践仁道，致力于给人安乐和解人苦难，还要教导大众提高学识、智慧和能力，以及尽力捐款、捐物、捐力推动慈善、教育、文化、公益等工作。

在《弟子规》中，对于如何实践学文，共列出13则，包括德学并重和用功学习两个部分。在学文时，要认真学习先贤圣哲和学者专家的典籍著作，培养自己成为德才兼备的人才，力行奉献在为自己、他人和团体的贡献中。在用功学习时，要专心、专一、认真、多问，其次要以敬谨的态度对待学习的环境、文具和书籍，最后还要多读圣贤书及努力学习成为圣贤之人。

君子道

学习与奉献的智慧

为什么要学文？

每一个人在世界上，都希望能有名有利、受人尊崇、家庭美满、事业成功，以及对家庭、社会、国家、民族、世界做出卓越的贡献。如果要达成这些希望，最主要的方法，就是要努力学习和奉献。通过学习，不断提高自己的专业素质和人格素质，以及完成任务达成目标的奉献能力。通过奉献，共同为自己、他人和团体创造利益和价值，同时在实践的体验、领悟和心得中使学习更深入。儒家以"仁、义、礼、智、信"的仁道思想为核心，其中，"智"属于专业素质，"仁、义、礼、信"属于人格素质。儒家主张，两者都要同时并重，而且都要努力学习和奉献。因此，《君子道》和《弟子规》在陆续提出孝悌、谨信、泛爱众、亲仁等人格素质之后，最后又提出"学文"。儒家认为，学文应该偏重在历代先贤圣哲所传承下来的各种典籍著作，要努力加以学习和实践，不断修身而提升自己学识、智慧和能力方面的专业素质，以及道德和品格上的人格素质，然后再致力奉献于齐家、治国、平天下。

孔子对于学文非常重视，不但自己非常努力学习奉献，而且还广收学生达三千余人，尽心尽力加以教诲。孔子在《论语》中说，把听到的和见到的牢记在心里，努力勤求及实践学问而不厌倦，谆谆教诲他人而不疲倦，这些都是我平常所做的事情。（原文："子曰：默而识之，学而不厌，诲人不倦，何有于我哉。"）除此而外，孔子在

《论语》中还说，他常常忧虑几样事情，那就是，德行不修明，学业不讲习，听到好事不能据以改进自己，发觉自己不好的地方不能改正革除。（原文："子曰：德之不修，学之不讲，闻义不能徙，不善不能改，是吾忧也。"）所以，在《论语》中又记载，孔子以四件事来教导学生努力学习和奉献，那就是典籍、德行、忠诚和信实（"文、行、忠、信"）。对于学文，孔子的这些主张，非常值得大家效仿。

学习及实践学识、智慧和能力，持续不断提高专业素质，以此与道德和品格上的人格素质相互为用及相辅相成，对每一个人的人生和事业非常重要，不但可以提高利益和价值，而且可以防止许多弊病。在《论语》中，孔子对子路谈到，六种美德需要认真学习学识和智慧来配合，才不会发生弊病。孔子说，好仁而不好学，便会流于愚蠢滥用；好知不好学，便会流于放荡傲慢；好信不好学，便可能发生受欺等贼害；好直而不好学，便会失于浮躁绞急；好勇而不好学，便可能勇而无谋造成祸乱；好刚而不好学，便可能陷于狂妄乱为。对于这六种情况，孔子称之为"六言六弊"。由此再进一步推论，如果一个人具有美德而又好学，则在丰富学识、高超智慧和卓越能力的实践和应用中，不但不会发生弊病，而且更能发扬光大美德所能产生的效益。

在现代，许多人从学校毕业后就停止学习或很少学习。事实上，在学校所学习到的学识、智慧和能力，只是奠定了一个基础，离社会上做人做事的要求还相差甚远。因此，每个人在学校毕业之后，还要针对专业素质和人格素质，持续不断地认真努力学习，永续不间断地提高水平，这样才能不被社会淘汰，并能出类拔萃及步步高升。因此，儒家主张终身学习，并以学习为乐。在《论语》中，孔子描述自己是努力学习奉献到常常忘记吃饭的人（"发愤忘食"）。孔子的学生曾子，每天都很努力学习和奉献，他在《论语》中说，他每天以三件事反省自己。那就是，为人做事有没有尽心尽力？与朋友交往有没有诚信？学习和传授学业，有没有不纯熟的地方？（原文："曾子曰：吾日三省吾身，为人谋而不忠乎？与朋友交而不信乎？传，不习乎？"）除此而外，在《论语》中，孔子还进一步说，认真学习学问并加以实践，是很快乐的事

（"学而时习之，不亦说乎"）。每个人在一生中，都要持续不断地努力学习和奉献，这样才能永续提高生命的素质，发挥生命的价值，使自己、他人和团体更幸福，更美满。

学文要学习些什么？

现代社会十分复杂多变，竞争愈来愈激烈。每一个人如果要成为学识卓越表现杰出的人才，使自己的人生和事业不断成长和发展，最好运用全方位学习，培育自己成为兼具专业性和全面性的全方位人才。全方位学习的内容，最好包括三种类别。第一类是专业素质的学习，包括专业学识、行业学识、产品学识、职务学识、经营管理、领袖通识和组织领导等。第二类是人格素质的学习，包括性格人品、为人处世、伦理道德、胸襟涵养、领袖风范、人生观、宇宙观等。第三类是身心修炼，包括身体外在皮肤肌肉筋骨的运动，身体内在五脏六腑和内部系统的锻炼，以及精神、定力、潜力、心性和智慧的修炼。儒家所主张的学文，事实上就是全方位学习。所以，儒家在《论语》中提倡"博学于文"，而在《中庸》中也提倡博学、审问、慎思、明辨、笃行的为学次第。

在现代，专业素质的学习，主要的范围是与职业和职务相关的学习。在与职业相关的学习方面，对于所从事的行业，其相关的产品、服务、材料、设备、工具、技术、工艺等，基于职务上直接或间接的需要，每个人都要有程度深浅不一的研究与了解；对于整个行业的状况，包括政经局势、社会情势、行业趋势、客户状况、供应厂商状况、竞争同行状况、代替品行业状况等，也要研究和了解。在职务学识方面，一方面是职务上的专业学识，例如财务人员之于财务、会计、经济、金融等学识，品管人员之于技术、生产、品管、检验等学识；另一方面是职位专业学识，例如与如何当科长、经理、总经理相关的学识；再一方面是与职务和职位都相关的经营管理、组织领导、领袖通识等学识。这些专业素质的学习，内容相当繁多，每一个人都要按照职务和职位上的需求，依据重要性和紧急性排列优先顺序，进行认真学习。

一个人要努力学习及提高专业素质、人格素质和身心修炼，最好努力"学文"，也就是学习先贤圣哲和学者专家的典籍和著作。中国古代的典籍，对于经营管理、为人处世、伦理道德和超脱智慧等方面，著作十分丰富，所蕴含的智慧超脱绝伦、照耀古今。如果能以此与现代科技和管理密切结合及应用，必能相得益彰大放异彩。学习中国古代典籍，笔者认为，学习经营管理的智慧，最好学习《孙子兵法》。《孙子兵法》共13篇，主要讲述治国用兵的胜利成功之道，包括思想理念、战略战术、组织领导、环境运用及作战用兵，其精髓包括五事七计、五胜之道、上兵伐谋、风林火山、奇正相生及不战而屈人之兵等。其中所包含的内容，几乎大部分都可直接或间接应用在个人生涯管理、家庭管理和事业经营管理上，帮助大家永续确保胜利和成功。

儒家的"四书"，也就是《论语》、《大学》、《中庸》和《孟子》，是学习为人处世、经营管理和伦理道德最好的典籍。《论语》的精髓，是以"仁、义、礼、智、信"的仁道思想为核心，以君子之道为做人的理想标准，并以德政管理为经营管理之道。《大学》讲述如何研习和实践学问之道，《中庸》讲述如何以至诚和智仁勇而择善固执做到恰到好处，《孟子》则进一步深入探讨及发挥阐扬儒家思想。而在学习人生观、宇宙观和超脱智慧方面，最好学习《易经》、《道德经》和禅学。《易经》剖析宇宙中变易、不变和适变的智慧；《道德经》讲述道法自然、道生万物、有无相生、致虚守静和柔弱不争等的智慧；禅学的经典《心经》、《金刚经》和《六祖坛经》，主张修持本性、真空实有、无相无住、无念无得、修戒定慧、修六波罗蜜等。这些经典，其中所蕴含的高超智慧，都非常发人深省，可使每个人的道德更高尚，智慧更超脱，心性更宁定、安详、愉悦和光明，对人生和事业更有信心及把握。除此而外，道家的静坐和佛家的禅坐，可加强、提高和运用每个人与生俱来的真气能量，达到身体健康、精神旺盛、活力充沛、定力提高、潜力开发、心性光明和智慧提升的效果，是非常好的身心修炼方法，值得大家努力学习修炼。

如何有效学文？

人生在世只有数十寒暑，时间非常短暂有限，但要学习的学问却是无限。在这种情况下，如果要使学习获得最好的效果，最好运用系统性学习的方法。进行系统性的学习，首先应就所要学习的学问加以分类，然后就每种类别的典籍，按照重要性和紧急性排列优先顺序，次第加以学习。第一优先是又重要又紧急的，第二优先是紧急而不重要的，第三优先是重要而不紧急的，最后优先是不重要不紧急的。在学习时，对于每种学问，都要先掌握其整体性的架构和纲要，然后再深入到每一纲要的细节内容。对所吸收到的学识，都要清楚了解是属于架构中的哪一纲要。此外，在学习时最好具备专家意识，对于所学习的学问，最好能专心一意和一门深入，成为该学问的专家，然后再就相关的学问逐步扩充成为多方面的专家。孔子对此有相同的主张，在《论语》中记载，孔子对子贡说，他求学问的方法，是在每一时期都专心一意地深入学习当时所主要研习的学问，而非贪多庞杂什么都学（"予一以贯之"）。

如何有效学习才能产生最好的效果，儒家非常强调思索和学习要并重。在《论语》中，孔子说，如果只是勤求学问而不用心思索，那是罔罔然而不能真正了解的；如果只是用心空想而不勤求学问，那就得不到明确真实的学识。（原文："子曰：学而不思则罔，思而不学则殆。"）每个人把学到的东西加以思索分辨，则学得的学识更能了然于心；如果不凭借所学得的知识加以思索，则多数只是空想，并没有什么好处。对于为人处世的大道理和智慧以及许多的专业学识，许多先贤圣哲和学者专家都已经充分思索、研究和发展。如果对此能够加以认真学习，以其学识作为基础而再进一步去研究和思索，自然更容易更有效地创新和发展。如果只是自己凭空思索，很难真正学到什么学问，而创新和发展也会更难。孔子是数千年来举世同钦的圣人榜样，他在《论语》中叙述自己的学习状况时说，我并非生下来就什么都知道的，我只是喜好古代圣哲留下来的学问而努力加以学习得来的。（原文："子曰：我非生而知之者。好古，敏以求之者也。"）

儒家对于如何有效学习，还提出很多很好的主张。就自我学习而言，孔子主张对于学问要诚实、谦虚、不自大、不自满，知道的就是知道，不知道的就要承认不知道，不要强不知为已知，这才是真正知道。（《论语》："子曰：知之为知之，不知为不知，是知也。"）而对于已经学过的学问，还要常常加以温习，这样就常会有新的领悟和心得（"温故而知新"）。除此而外，在学习时，最好能举一反三，从一个道理推演出其他相关的道理，由此而扩大加深所求学问的广度和深度。除了自我学习，儒家还主张要努力向他人请教（"不耻下问"）。在《论语》中，孔子还说，大家在一起时，必然有可教导我的老师；对于他人好的部分，就可学习照做；对于他人不好的部分，就可引以为戒来改正自己。（原文："子曰：三人行，必有我师焉。择其善者而从之，择其不善者而改之。"）

对于有效学习的为学次第，儒家在《中庸》中主张要博学之、审问之、慎思之、明辨之和笃行之。笔者认为，博学是广博地学习，做学问时不要只是执守一家之言，要学习各家的论点，彼此互相对照分析及融会贯通；审问是详细地审查求教，从正面与反面及不同的角度和层面去怀疑及求证；慎思是严谨慎重地思索，从正反侧面和上下左右做全方位思索，对于思索所得的结果还要多方考证；明辨是明白地辨别，对于好坏对错要善加分辨，还要在实验或实践中加以验证；笃行是切实力行，要努力实践在人生和事业上，一方面产生效益，一方面因验证和体验而得到更深入的学习和领悟。革命先行者孙中山先生对于这种为学次第特别欣赏，于革命成功后在广东成立大学时（现为中山大学），即以此作为校训。对于"学文"，大家如果能依此学习及奉献，必能更切实，更有效。

如何有效奉献？

　　每个人的一生，是学习的历程，也是奉献的历程。通过学习，可以提升自己的品德、学识和能力，使自己更有自信和快乐，也提高了奉献的能力。通过奉献，为自己、他人和团体创造利益和价值，一方面更加发挥自己生命的意义，另一方面也从他人和团体的认同与回馈中获得更大的利益；此外，在奉献的过程中，由于实践中的体验、领悟和心得，学习也才能更深入。由此看来，学习和奉献实是相互为用及相辅相成。其中，奉献更能发挥生命的意义和价值，所以奉献比学习还更重要。生命的意义就在于学习和奉献，所有的名利、富贵、荣誉、幸福和成功，都是学习和奉献的结果，反过来说也是如此。有智慧的觉者，都是在学习和奉献的基础上下功夫，这样才能持续不断地创造和提升这些美好的结果；没有智慧的迷茫众生，却总是在结果上下功夫，虽然费尽心力，但常徒劳无功。

　　就人性而言，人总是自私的，都要先为自己和家人的健康、富裕、快乐、幸福而努力。但要满足这些私利私欲，却非努力奉献不可。从每一个人的人性需求阶层来看，要满足第一层的食、衣、住、行、育、乐生理需求，主要依靠金钱，而赚钱则非努力工作奉献不可；至于第二层的安全需求和第三层的社会归属需求，都是基于群体的互动，必须对群体努力奉献才可达成；第四层的自尊、受人尊敬、自信、成就感等的自尊需求，主要来自自身实力的提高，以及对他人和团体的表现和奉献上；而第五层的自我实现和潜力发挥等需求，更需通过对他人和团体奉献来展现。更进一步说，由于努力为他人和团体奉献，团体利益越大每人当能分享更多，再加上他人和团体更多的反馈和回报，自身反而能得到更多。老子在《道德经》上说："非以其无私耶，故能成其私。"就是这个道理。

　　对于如何有效奉献，儒家主张要努力实践仁道。仁道从积极方面来说，要"己立立人，己达达人"，除了为自己而外，更要努力为他人和家庭、事业、社会、国家、民族和世界等团体创造和谐、健康、富裕、繁荣、平安、快乐和幸福，这些在佛家和道家称为"慈"；从消极方面来说，要努力为他人和团体解决困难、济助贫穷、扶助弱小、救济灾难、消灾解厄等，这些在佛家称为"悲"。每个人在日常工作中，通过自身努力或与他人共同协作，尽心尽力做好工作，除了为自己创造私利私益外，同时更为他人、团体和整个社会创造利益、价值和幸福，并且帮助解决问题和困难。私利私益与社会公益共同创造和提升，在儒家称为"义利相生"，在佛家称为"无畏施"，是每个人最重要也是效益最大的布施奉献。所以，公益或慈善并非难为或唱高调，只要对日常工作尽心尽力并同时兼顾社会公益就可逐步达成。

有效的布施奉献除了以上所述之外，还有其他两种也相当重要。一种是教导他人提高素质和创造利益、价值与幸福的方法，儒家主张要兴教育人和有教无类，佛家称此为"法布施"；另一种是捐款、捐物、捐力做慈善、教育、文化、公益等工作，儒家称此为行善积德，佛家称此为"财布施"。

对于这三种布施奉献，儒家和佛家都认为善有善报，甚至可以泽被家人，也就是所谓积善之家有余庆。除此之外，孔子还认为，实践仁道要主动积极努力去做和坚持到底，甚至对老师也不必有所谦让。(《论语》："子曰：当仁，不让于师。")而佛家则更进一步主张，在布施奉献实践慈悲仁道时，不要因为关系缘分有无深浅而有所区别（"无缘大慈"），还要感同身受般地去实践（"同体大悲"）；甚至要做到无相布施，布施奉献要为所当为，不怕任何困难和挫折，也不求任何回报（"无我相、无人相、无众生相、无寿者相。"）

生命的意义就在于学习和奉献，让我们大家一起共同努力，以学习提高生命的素质和能力，以奉献发扬光大生命的意义和价值。

《弟子规》中学文的实践

如何德学并重?

许多人都认为,有怎样的人民,就会有怎样的国家和怎样的民族。数千年来,中华文化基于儒家思想和其他中华智慧,教育民众努力学习和奉献,成为伟大的人民,于是成就了伟大的中国和中华民族。因此,《弟子规》在首孝悌、次谨信、泛爱众、而亲仁之后,最后提出"而学文"。学文就是要努力学习而提高品德、学识、智慧和能力,并积极对家庭、社会、国家、民族和世界做出最大的贡献。

《弟子规》对于学文,主张要认真学习及努力实践。在《弟子规》中,学文的实践,共13则,可分为德学并重和用功学习两个部分。其中,德学并重的部分,共2则,内容如下:

"不力行,但学文;长浮华,成何人。但力行,不学文;任己见,昧理真。"

儒家所说的学文,主要是学习圣哲、贤人、学者、专家所编著的经典、书籍和其他形式的著作,包括有关道德修养和学识智慧两方面。儒家主张,这两方面都要同时并重,使自己成为德才兼备的人才。在中华文化中,甚至认为道德上的人格素质比学识上的专业素质还更重要。秉持优良的人品道德,运用高超的学识与智慧,实践在为自己、他人和团体的奉献中,才能对彼此都产生最大的利益和价值。有德无才,所能产生的利益和价值可能十分有限。有才无德,轻则可能只是自私自利,重则可能为害自己、他人和团体,甚至成为社会败类，颇不足取。

《弟子规》在学文中，首先主张学文和力行要并重。《弟子规》认为，如果只是学文而不力行，就会成为浮华的人，可能说得多做得少，甚至于只是光说不练，不会产生实际的效果；而如果只是力行而不学文，由于学识不好智慧不佳，可能常常会任凭己见或自以为是，其所作所为常不合乎正道，结果常是效果不彰，甚至为害社会。学文要德学并重，还要认真努力加以力行实践，才能真正发挥效益。

如何有效用功学习？

《弟子规》在学文中，用了许多篇幅说明如何用功学习的方法，希望大家能够获得更多的学习效益。在《弟子规》中，对于如何用功学习的方法，共列出11则，主要分成三部分。第一部分主张，在学习时要专心、专一、认真、多问，共4则，内容如下：

"读书法，有三到；心眼口，信皆要。方读此，勿慕彼；此未终，彼勿起。宽为限，紧用功；工夫到，滞塞通。心有疑，随札记；就人问，求确义。"

《弟子规》主张，读书时要心到，也就是要专心一意，切勿杂念纷飞胡思乱想；同时还要眼到，要认真逐字逐段看清楚，切实用心思索了解其中的内容与含意，以及是否正确和如何应用；在有需要时，最好还要出声朗诵，以便帮助记忆。在读一本书时，最好认真专注把那本书读精读通，不要同时读好几本书，以免什么书都没读好。对于读书学习，要认真用功直到彻底明白为止。只要工夫下得深，终有一天所有滞塞不解之处都会贯通明白。在学习过程中，心中如果有疑问，要随时加以记录，并设法向他人请教，自己也要不断思索，求取确实正确的意义和解答。

如何有效用功学习的方法，在《弟子规》中，第二部分讲述要以敬谨的态度对待学习的环境、文具和书籍，共5则，内容如下：

"房屋清，墙壁净；几案洁，笔砚正。墨磨偏，心不正；字不敬，心先病。列典籍，有定处；读看毕，还原处。虽有急，卷束齐。有缺坏，就补之。"

对于读书学习，要以尊敬、认真、努力的态度对待一切相关的人、事、物，才能达到最佳的学习效果。就外在的环境、文具、书籍而言，《弟子规》主张，房屋要清洁，墙壁要干净，书桌要整洁，笔砚文具要摆放端正；如果磨墨偏斜，就表示内心不端正；对于书中的文字不恭敬，就表示内心有毛病；摆放书籍要有定位，书籍读完要放回原处；如果急着拿取书本或文件来读，也要整整齐齐不可紊乱；书籍如果有破损，要细心加以修补。外在环境和内在心态，常常互相影响。在读书学习时，外在的环境事物保持整齐清洁，会增加内心态度的认真和敬意，使读书学习的效率和成果更高更好，不可不注重。

对于用功学习的方法，《弟子规》最后主张要多读圣贤书及努力向圣贤学习，共2则，内容如下：

"非圣书，屏勿视；蔽聪明，坏心志。勿自暴，勿自弃；圣与贤，可驯致。"

在各种书籍中，有些是圣贤的著作，充满正确有效的道理、思想和方法，教导大家对人生和事业有益的修养、学问和德行；但有些则充满歪理邪说或污恶败坏，引诱他人误入歧途。所以，《弟子规》主张，不是圣贤的著作不要读，因为这些书会掩蔽每一个人的聪明智慧，教坏大家的内心和意志，引人误入歧途而害人害己。除此而外，《弟子规》还主张，大家都要努力学习成为圣贤之人，千万不要自暴自弃，认为不可能或很困难。如果每个人都能持续不断地认真努力提高学识及修养品德，除了利己而外，并且还努力实践奉献在利他和社会公益上，就会一步一步往成圣成贤的路上走，逐渐接近圣贤的境界。如果大家都能一直这样做，每一个人就会越来越伟大，中国和中华民族也会越来越伟大，世界也会越来越光明。

第七章　七学文　明哲义　理在晰

学文思考实践的关键要点

学习与奉献的智慧

1. 每个人在世界上，若要有名有利、受人尊崇、家庭美满、事业成功，以及对团体大众做出卓越的贡献，就要努力学习，不断提高自己的专业素质、人格素质和奉献能力；努力奉献，与他人共同为自己、他人和团体创造利益和价值，并从体验和领悟中更深入学习。终生努力学习和奉献，才更能发挥生命的意义和价值。

2. 在现代社会中，最好进行全方位学习，内容包括专业素质、人格素质和身心修炼三方面。学习的内容，除了有关职业和职务的现代学识外，最好还能认真学习中国古代的典籍，包括经营管理方面的《孙子兵法》，为人处世方面的《论语》、《大学》、《中庸》、《孟子》四书，超脱智慧方面的《易经》、《道德经》和禅学，以及身心修炼方面的禅道静坐等。

3. 要使学习获得最好的效果，最好运用系统性学习的方法，首先应就所要学习的学问加以分类，并按优先顺序次第学习；其次对于每种学问要先掌握整体架构和纲要，然后再深入到每一纲要的细节内容。在学习时，学习和思索要并重，对于每种学问要诚实、谦虚、不自大、不自满及举一反三，而且要博学、审问、慎思、明辨和笃行。

4. 如何有效奉献，首先每人在日常工作中，要通过自身努力和与他人协作，尽心尽力做好工作，同时创造和提升私利与公益；其次要教导他人提高素质和创造幸福的方法，以及捐款、捐物和出力做善事等工作。从事奉献，要为所当为、不怕困难挫折，还要坚持到底，最好也不要求任何回报。

《弟子规》中学文的实践

1. 儒家主张，对于学文，在道德修养和学识智慧两方面都要同时并重，使自己成为德才兼备的人才。其中，道德上的人格素质比学识上的专业素质还更重要。《弟子规》在学文中，主张学文和力行要并重，如此才能使德和才真正发挥效益，并避免因为不合正道而使社会受害。

2. 如何用功学习的方法，《弟子规》在学文中强调，在学习时要专心、专一、认真和多问，这样才能求得扎实深厚的学问；要以敬谨的态度对待学习的环境、文具和书籍，才能达到最佳的学习效果；要多读圣贤书和努力向圣贤学习，这样才能逐渐达到圣贤的境界。

第七章 七学文 明哲义 理在晰

学文案例分析

案例一：曾子上承下启孔子之道

一、案例

曾子是孔子的弟子，上承孔子之道，与其他弟子共同将孔子与弟子的言行编纂整理成《论语》一书，是儒家正统思想的忠实传人；又将孔子的思想和学问授之以徒，还担任孔子嫡孙孔伋（子思）的老师，经子思的学生再传孟子，开启了思孟学派，对孔子的思想一以贯之。曾子对儒家思想既有传承又有发展和建树，在儒家和中华文化发展史上占有重要地位。曾子姓曾名参，字子舆，于公元前505年生于鲁国东鲁，后移居武城（今山东济宁嘉祥县），比孔子小46岁。曾子的父亲曾点（曾皙）是孔子的弟子，在曾子16岁时也命儿子拜孔子为师。孔子评价曾子"参也鲁"，认为曾子比较老实迟钝反应较慢。但曾子非常勤奋好学，颇得孔子真传，又积极实践及推行孔子主张，传播孔子思想，孔子对他非常欣赏。孔子在曾子27岁时过世，临终前将儿子孔鲤的遗孤幼子孔伋托付给曾子教导，其后曾子按父丧之礼守孔子墓三年。

曾子个性沉静举止稳重，为人谨慎待人谦恭，对父母非常孝顺。孔子去世后，曾子聚徒讲学，弟子很多。曾子在教学相长中，对孔子的思想持续加以消化和领悟，学问、思想和智慧得到博厚深远的进展。在曾子50岁时，除了齐国欲聘他为卿相外，楚国也想聘他为令尹，而晋国则欲迎以上卿，基于不屈从、不苟合、刚正不阿和清醒处世的君子品格，在当时礼乐崩坏、天下无道的情况下，曾子都辞而不就。在多年教学中，曾子除了与其他弟子共同编纂《论语》外，还著有《大学》一书，讲述修身、齐家、治国、平天下的大学之道；以及《孝经》，讲述孝、悌、忠、信之道。其后，曾子的弟子子思又秉承及发挥孔子和曾子的思想与教诲，著作《中庸》一书；子思学生的学生孟子再发扬光大一以贯之的传承，著作《孟子》一书，终于成就为继承孔子思想最重要的思孟学派。《论语》加上《大学》、《中庸》和《孟子》，在南宋时被朱熹合称为"四书"，成为此后中国最重要的治学和必考经典。曾子死于公元前435年，享年70岁，历代许多皇帝都加以封赏，最后被封为"宗圣"，地位仅次于"复圣"颜渊，成为孔门十哲之一。

二、案例分析

儒家主张博学于文，事实上就是要求全方位学习。学习的内容，在古代主要是礼、乐、射、御、书、数六艺，在现代则应包括专业素质和人格素质。在古代，比较注重人格素质的学习，包括人格品德、为人处世、伦理道德和胸襟涵养等；其次才是专业素质的学习，包括专业学识、经营管理、组织领导和领袖通识等，所以说："行有余力，则以学文。"对于学文，《大学》主张，研习学问要彰明德性、知识和智慧，使大家都能革新，而且要坚持做到完善的地步。所以，每个人都要次第由格物、致知、诚意、正心而修身，然后致力于齐家、治国和平天下。曾子对于孔子之道，在孔子生前努力学习，在孔子过世后仍然努力深思、实践和领悟，终于获得大成就。大家要好好向曾子学习，在学校毕业后仍要继续作终生学习。此外，《大学》对于《论语》颇有阐扬、补充和加强的作用，能与《论语》同时研习会更好。

曾子在孔子晚期才奉父命拜孔子为师，随师学习才十余年。曾子虽然资质较为鲁钝，但却勤奋向学，运用反复学习、实践、体验和领悟的方法，固然学习较慢，但学到的学问却非常扎实而深入，而且能够不断与时俱进，这是非常好的学习方法。子思秉承老师曾子的学习方法，在其所著《中庸》写道："人一能之，己百之；人能十之，己千之；果能此道矣，虽愚必明，虽柔必强。"也就是说，别人读一遍就会了，我读一百遍也会；别人读十遍就会了，我读一千遍也会。如果按照这个方法学习，虽然愚笨，但是到最后都会明白领悟；虽然原来较柔弱，到最后也会变得很坚强。读书学习，如果学习曾子这种勤能补拙的做法，相信鲁钝的人可以逐渐迎头赶上，而聪明的人则可如虎添翼。

曾子对父母非常孝顺，可说是天下皆知。孟子在他所著的《孟子》中讲述曾子的孝顺，提到曾子的父亲喜欢吃羊枣，曾子因而不忍吃羊枣，希望多留些给父亲吃。曾子奉养父亲时尽量满足父亲，每餐一定有酒有肉，父亲吃完酒肉，剩下的赏给别人，做做好事。庄子对于曾子的孝顺也很赞赏，说到曾子在年轻的时候薪俸较少但很快乐，因为能让父母吃饱喝足；后来薪俸增加千百倍却很难过，因为父母已过世而不能享受，正是"树欲静而风不止，子欲养而亲不待"。曾子孝顺的故事，最特别的是被列入《二十四孝》中的"啮指痛心"的故事。有一天曾子外出工作，家里来了客人，母亲希望曾子回家接待，就用牙咬自己的手指，曾子忽然觉得心痛，知道母亲在呼唤自己，就迅速返回家中。曾子总结孔子对于孝道的教诲，再加上自己尽孝的心得和领悟，著作《孝经》一书，值得天下儿女认真研读和实践。

由孔子而曾子、子思至孟子，形成儒家的思孟学派，对于儒家思想的发展，发挥了承先启后的作用，其中子思很重要。子思名孔伋，出生于公元前483年，当时孔子68岁，非常喜欢这个孙子，亲自给予启蒙，死后则托付给曾子教导。子思学习非常认真，除了亲受祖父教导之外，更从曾子那里学习孔子的真传，阐扬孔子的中庸之道，著成《中庸》一书。《中庸》主张，为人、做事和处世要不偏不倚，恰到好处，无过无不及，而且还要择善固执。如何做好中庸之道，最主要是内心、思想和行为都要真诚，努力做到尽己之心和推己及人，运用知识智慧勇敢坚持仁心爱行，也就是要智、仁、勇兼备。中庸之道被誉为儒家心法，如果连同《论语》、《大学》和《孟子》好好加以运用，可使天地一切各安其位，万物持续成长繁育。子思一生除授徒外，还致力于著述，除《中庸》外，另著有《子思二十三篇》，可惜至今散佚很多。子思上承孔子中庸之道，下开孟子心性之论，并由此对宋代理学产生重要的影响，对儒家思想和中华文化贡献很大。中国历代皇帝对子思均有封赏，元朝时封为"述圣公"，后人由此尊称子思为"述圣"。

案例二：赵普半部《论语》治天下

一、案例

赵普是北宋开国时期重要的政治家，他所参与制定的重要方针和政策，奠定了宋朝三百多年的统治基础。赵普字则平，于公元922年出生于幽州蓟州（今北京城西南），后任同州、宋州节度使赵匡胤的推官，掌管书记工作。于公元960年，赵匡胤带兵征伐北汉到达陈桥驿（今河南新乡市封丘县东南），赵普与赵匡胤的弟弟赵光义（后为宋太宗）发动陈桥兵变，将黄袍加在赵匡胤身上。其后赵匡胤推翻后周，建立宋朝，即帝位为宋太祖。宋朝建立以后，赵普颇受重用，曾献计宋太祖亲征平乱，以"杯酒释兵权"削夺朝中诸将兵权，削弱地方财政，加强中央禁军建设，以此加强中央集权统一全国。由于辅佐宋太祖有功，后被升任为宰相。赵普入相后，对宋太祖忠贞不贰，有当用者推荐其任官，有立功者推荐其升官，一奏再奏直至获准；此外还注重整顿吏治，严厉惩处不法官员。赵普在宋太祖和宋太宗两代，共三次出任宰相，到公元992年病故，被宋太宗追封为韩王，并下诏配享太祖庙。

赵普足智多谋，被赵匡胤认为是奇才，不断获得重用及擢升。赵普年轻时熟悉吏治，但读书很少。担任宰相之后，宋太祖常劝告他多读书。赵普晚年常常手不释卷，每次公毕回家，就关起门来读书，尤喜读《论语》。有一天晚上，宋太祖前去赵普家私访，进门后看到赵普正挑灯夜读《论语》，就说："《论语》是儿童也在读的基本读物，你怎么还读呢？"赵普回答："修身、齐家、治国、平天下的道理全在《论语》中，我用半部《论语》就可治天下，就能使天下太平。"赵普读《论语》一辈子，努力研究和实践《论语》的智慧和教诲，使他成为宋朝开国时期的贤相。赵普过世后，还用《论语》作为陪葬。

二、案例分析

《论语》是儒家最早也是最重要的原典，由曾子和其他弟子收集孔子和弟子的言行状况加以编纂而成。《论语》的内容，包括以仁者爱人为核心的仁道思想，以修身而后安人安百姓的君子之道，以及以为政以德为主的德治管理，充满了做人做事、待人处世和经营管理的高超智慧。对于如何促进人生美满、事业成功和贡献社会，每个人都能从中获得深切的启示和教诲。《论语》的内容，以为人处世为主，以经营管理为辅，蕴含许多超脱的智慧，可以说是涵盖人生、事业和其他方面最全面的宝典。赵普出身军旅，读书不多，担任宰相后专心研读和实践《论语》的教诲，政绩十分卓著，做人也相当成功。赵普深受其益感受甚深，难怪会赞叹半部《论语》可以治天下。中华珍贵典籍繁多，大家如果有心开始学习及实践，笔者建议可自《论语》开始，当然能兼读《大学》、《中庸》和《孟子》更好。此外，在研习其他典籍时，最好还能同时研读《论语》，如此必可产生相互为用、相辅相成的功效。

一个人要人生美满、事业成功和贡献社会，最好能够同时研习经营管理、为人处世和超脱智慧三方面的学问。在中华典籍中，为人处世学《论语》等四书最好，经营管理方面最好还要研习《孙子兵法》。《孙子兵法》是齐国人孙武（生于约公元前545年，比孔子小6岁）的著作，共十三篇，主要讲述治国用兵的胜利成功之道，包括哲学理念、战略战术、组织领导、环境运用和作战用兵等。由于治国用兵和经营管理的道理大部分都可相通，因此《孙子兵法》的内容也可用在事业的经营管理上，甚至人生管理和家庭管理上。《孙子兵法》主张，治国用兵和经营管理，都要努力规划和做好道、天、地、将、法五件事，也就是思想理念、天候天时、地形地利、将帅领导和策略、计划、制度、组织与执行。而在营运管理五事时，则要运用五胜之道和奇正相生之道，努力做好所有的根本要务，使本身立于不败之地，具备胜利成功的条件，再以正规做法和奇巧妙计相互为用而取得胜利和成功。

一个人如果要杰出卓越、出类拔萃和洒脱自如，发挥更大的效益和贡献，除了研习为人处世和经营管理的学问外，还要努力修习超脱智慧方面的学问，以此建立积极正面的人生观、高瞻远瞩的眼光和恢宏开阔的胸襟。培养超脱的智慧，最好能修习《道德经》和禅学。《道德经》的精髓，例如道法自然、反者道之动、道生万物、有无相生、无为而治、致虚守静、为而不争和老子三宝等，当能使人智慧更超脱，思想更圆融，人生更自在。禅学的智慧，包括修持本性、了生脱死、真空实有、无念无住、即相离相、六波罗蜜和修戒定慧等，可自静坐观心、实修实证、佛经研修和佛法实践等而渐修顿悟，逐步达到心性光明、智慧超脱、洒脱自在和法喜充满的境界。

中华民族是伟大的民族，中华儿女遍布全世界，大部分都很出类拔萃。中国是伟大的国家，数千年来都非常文明昌盛，在近代虽然曾经沦落，但自改革开放以来又再度逐渐复兴，最主要的原因是因为拥有光辉灿烂、照耀古今的中华文化。中华文化以儒家思想为主轴，兼容道家、佛家、兵家和其他各家。许多国内外学者专家预测，中国在不久的将来会成为世界最大的经济体，在21世纪将在全世界扮演非常关键性的角色。

上列各种中华典籍，都是古代帝王将相和社会精英必读的典籍。笔者研习、实践和教导这些中华典籍，数十年来深感受益良多，也已将其精髓和实践心得著成《中华的智慧》一书出版，提供给大家参考。让我们大家对这些典籍也都能好好地加以深入精研和实践，为实现中华民族伟大复兴的中国梦而努力奋斗。

后 记

明解《弟子规》
正人《君子道》

中华文化以儒家文化为主流,儒家文化的精髓是仁道思想、君子之道、德治管理、大学之道和中庸之道。儒家主张,人人都要努力修身成为君子,以君子之道来完成其他儒家大道。在儒家原典《论语》中,大部分的内容几乎都在讲述如何成为君子,以及如何通过学习和奉献,发挥利己、利人、利众和利国的效益。

儒家思想以"仁、义、礼、智、信"的仁道思想为核心,以君子之道作为做人的理想标准。理想的君子,表现出来的样子应该如何,在儒家的原典《论语》中有不同角度的说法,都可作为大家学习的目标和自我检验的标准。《论语》描述,孔子待人温和而处世严正,威仪庄重而平易不凶猛,外貌敬肃而心境安泰。("子,温而厉,威而不猛,恭而安。")孔子的学生子贡也说,老师因为温厚、善良、恭敬、俭约、谦让的表现,在各国备受尊重。("夫子温、良、恭、俭、让而得之。")孔子则描述自己,努力学习和奉献而常常忘了吃饭,心中常保持快乐而忘记烦恼和忧愁,不知道老年就快到来。("发愤忘食,乐以忘忧,不知老之将至云尔。")

如何修身成为君子,孔子认为要努力培养和提高"智、仁、勇"三达德,也就是高超的学问和智慧、丰沛的仁爱和善行,以及坚持的勇气和毅力,而且要同时以此致力于安人安百姓。对于三达德,孔子特别强调,有仁爱的人不会忧愁,有智慧的人不会迷惑,有勇气的人不会畏惧。("仁者不忧,智者不惑,勇者不惧。")君子实践三达德,要努力做到以仁爱而"己所不欲,勿施于人"和"己立立人,己达达人"，以学问和智慧而发挥仁心爱行的效益，以及以勇气而择善固执和勇往直前。

如何修身成为君子，孔子认为君子要用心思考九件事，包括在目视时想到要看个明白（"视思明"），在听闻时想到要真正了解其含义（"听思聪"），对于脸色想到要温和（"色思温"），对于容貌想到要谦恭（"貌思恭"），对于言行想到要忠诚（"言思忠"），在做事时想到要谨敬（"事思敬"），在有疑问时想到要请教别人（"疑思问"），在发怒时要想到后患（"忿思难"），在见到利益时要想到是否合义（"见得思义"）。

如何修身成为君子，孔子的学生曾子在所著的《大学》中也主张，所有的人都要努力修身而后致力于齐家、治国、平天下。对于如何修身，《大学》主张要依序做好格物（穷究事物真理）、致知（推极知识和良知）、诚意（诚恳心意不自欺）、正心（端正内心、思想和意念），由此而达成修身（修习好学识、智慧、品德和行为）。而致力于齐家、治国、平天下，则要努力为家国天下创建和谐、健康、繁荣、快乐和幸福。

如何修身成为君子，在《论语·学而篇》中，孔子更提出君子的实践次第："弟子，入则孝，出则弟，谨而信，泛爱众，而亲仁。行有余力，则以学文。"这些实践次第，对于如何修身成为君子非常重要。清朝康熙年间的秀才李毓秀因此写成《训蒙文》一书，后经贾存仁修订并改名为《弟子规》，对于弟子提出一些如何实践的基本做法，作为教育儿女、学生、后辈等弟子如何成为君子的启蒙教材。

笔者认为，人人如果都能努力修身成为君子，大家共同致力于推动君子之道，当能使人生更美满、事业更成功、家庭更幸福，以及社会更繁荣、国家更富强、民族更兴旺。孔子所说的这一段话，事实上是教导大家成为君子的实践次第，《弟子规》仅从教导弟子的角度提出实践的基本做法，在广度上和深度上均有不足。《弟子规》成书于清朝康熙年间的农业时代，其中的一些内容，在当前的工商业时代已经不合时宜，需要重新加以解读、加强和提升。基于这些原因，笔者与孟勇决定合著《君子道——实践〈弟子规〉的智慧》一书，对于如何成为君子，提出更全面、更深入和更合时宜的做法，作为大家修身成为君子时的参考书。其中，《弟子规》的内容，则从现代角度加以解读，作为本书内容的一部分。

《君子道》首先强调，孝和悌是君子一切德行的根本，由此而延伸到其他的君子德行。儿女对父母善尽孝道，就要关怀、服侍和奉养父母，再进而让父母放心，更进而努力贡献国家社会，让父母以儿女为荣。实践悌德，就要兄（姊）友弟（妹）恭，家人、朋友、长晚辈和上下级之间要互相尊敬、关爱和诚信。《君子道》其次强调，做人做事要敬谨和诚信，生活和工作要严谨有规律，处世做事要认真负责，要不断努力提高实力和表现，并以诚信成就事功。

《君子道》主张，君子要做好为人处世，更重要的是要修持仁爱之心，也就是要泛爱众和亲仁。君子要将心比心推己及人，努力提高实力积极为他人和团体奉献；也要致力于实践仁义之道，推动修身、齐家、治国、平天下；此外还要运用中庸之道和德政管理，与志气相投的有志之士共推仁义之道。《君子道》还主张，要实践和推动这些君子的美德，就要努力学文，不断提高专业素质、人格素质和执行能力，同时还要努力自我奉献及与他人共同协作，共创自己、他人和团体的利益、价值和幸福。

《君子道》是修身成为君子的实践次第，也是为人处世和做人做事的行为准则，主要的精神是爱与敬。祝愿大家都能努力修身成为君子，把握爱与敬的精神，彼此互相紧密结合，共同达成人生美满、事业成功、家庭幸福、社会繁荣和国家富强，共同实现中华民族伟大复兴的中国梦，共创正大光明的美丽新世界。